Einfach *schön*

TEIL *zwei*

Deko-Ideen aus der Natur

Vorwort

Liebe Leserinnen, liebe Leser!

„Gib dem Leben die Hand und lass Dich überraschen, welchen Weg es mit Dir geht."

Wagemutig habe ich mich vor knapp drei Jahren davon überraschen lassen, was es heißt, mit einem kleinen Redaktionsteam in Münster das Deko-Buch „Einfach schön" zu entwerfen. Vor Ihnen liegt heute Band 2, die Fortführung dieser Idee aus 2012.

Denn überwältigend war die Resonanz! Die Bilder und Beschreibungen der kleinen Sträuße, Gestecke oder oft auch spontanen Tisch-Dekos, die ich im Alltag „wie nebenbei" gestalte, kamen sehr gut an. Plötzlich ging ich den Weg einer Buchautorin.
Worin lag oder liegt das Geheimnis? Diese Frage kann ich Ihnen nicht wirklich beantworten. Ich weiß aber: Meine Dekorationen sind schnell gemacht, einfach zu fertigen und sehr gut abzuwandeln. Ich arbeite meist mit genau dem Material, das mir Gartenbeete, Wegesränder und Böschungen im jeweiligen Monat großzügig anbieten.

Ich gebe zu: Im Frühjahr „plündere" ich mit Hingabe den Sammelplatz des Osterfeuers. Zu keiner anderen Zeit im Jahr habe ich einen besseren, einfacheren Zugang zu Zweigen, Ranken, Strauchschnitt und bizarren Ästen. Die Auswahl ist ein Traum! Doch normalerweise ernte ich mein Deko-Material beim „Stöbern" im Garten, an Feld- und Wegesrändern. Und auch hier sind die Überraschungen zahlreich und wunderbar: Während ich z. B. Vogelbeeren suche, bieten sich mir die dicken Ranken des Geißblattes an. Zwischen den Frühblühern wachsen ganz selbstbewusst auch Brennnesseln, Gundermann und Knoblauchsrauke. Toll für die Vase oder als Kräuterquiche! Die Liste ließe sich für alle Monate fortsetzen.
Beobachten Sie die Natur und freuen Sie sich auf all die Entdeckungen, die sie auf den ersten und zweiten Blick bereithält.

Dieser zweite Band ist – wie Teil 1 – eine Art Bilder-Sammlung oder „fotografisches Gedächtnis" meiner kreativen Einfälle und Ideen. Lassen Sie sich inspirieren: Von neuen Motiven, jahreszeitlichen Tipps und Tricks, fein sortiert von Januar bis Dezember. Einige Leitlinien, Handgriffe und Erfahrungswerte hält das Kapitel „Gewusst wie" am Ende des Buches für Sie bereit. Schauen Sie sich von der Natur die Natürlichkeit ab – und gestalten Sie Ihre ganz persönlichen Arrangements für drinnen und draußen.

Für jeden von uns sind verschiedene Dinge wichtig. Jeder legt auf etwas anderes Wert oder hat ein eigenes Verständnis von Ordnung. Ich hoffe dennoch, dass jeder von Ihnen etwas Anregendes, Inspirierendes oder eben Überraschendes in diesem Buch findet.

Ihre Gerda von Lienen

Inhalt

Von Monat

JANUAR ab Seite 6

FEBRUAR ab Seite 14

MÄRZ ab Seite 22

JULI ab Seite 72

AUGUST ab Seite 84

SEPTEMBER ab Seite 100

„Es geht eine große und ewige Schönheit durch die ganze Welt."

Rainer Maria Rilke

Inhalt

zu Monat...

APRIL ab Seite 30

MAI ab Seite 46

JUNI ab Seite 60

OKTOBER ab Seite 112

NOVEMBER ab Seite 124

DEZEMBER ab Seite 132

GEWUSST WIE ab Seite	146
Einfach und echt!	148
Strukturiert & schwungvoll	150
Schön eingebettet	152
Blattwerk & Wunderkraut	154
Bunter Kranz & runder Strauß	156
Gerdas Garten	158

Januar

Januar

Zarter Januar

Eisig, frostig, kalt: So begegnet uns der Winter. Doch auch im Januar-Garten schiebt sich hier und da – ganz vereinzelt – ein Trieb oder eine Blüte empor. Es lohnt, genauer hinzuschauen: Schneeball, Zaubernuss und Schmuckblatt-Mahonie sind startklar. Die Natur überrascht uns mit Energie und Lebenskraft. Treffend sagte der große, in Potsdam lebende Gärtner und Staudenzüchter Karl Foerster (1874 – 1970): „Es wird durchgeblüht."

Januar

Neubeginn

Gerade noch weihnachtlich, jetzt winterlich: Pünktlich zum Jahresstart können Sie die Advents-Deko „umnutzen". Sterne und Kugeln entfernen und den dicken, grünen Kranz als Einfassung für eine getopfte Christrose verwenden. Rundherum kleine Holzscheite auf den Kranz binden.

Januar

Frühstart

Eine Blüte, einen Zweig, ein Blatt: Mehr braucht es nicht für dieses kleine Winter-Ensemble. Stellen Sie eine langstielige, weiße Christrose mit einem bizarren Zweig der Magnolie und einem großen Blatt vom Aronstab zusammen. Platzieren Sie hinter der Vase ein Holzstück, z. B. einen breiten Kaminholzscheit. Vor dieser rustikalen „Rückwand" wirkt die zarte Blüte umso besser.

Blütenteller

Efeu ist zeitlos, es wächst und grünt selbst jetzt im Garten. Schneiden Sie vier bis fünf Ranken, entblättern Sie sie nach Belieben und verwinden sie locker zu einem Kranz. Legen Sie den Kranz auf einen Teller und stellen Sie eine Blütenschale in die Mitte. Verwenden Sie anstelle von Christrosen auch die Blüten von Ranunkeln.

Januar

Glücksmoment

Kleiner Strauß, große Freude: An kalten, grauen Wintertagen erhellt selbst die kleinste Blüte unsere Stimmung. Für diesen Mini-Strauß wenige Christrosen mit Knospen der Magnolie aufbinden. Mit grünen Efeublättern als Umrahmung abschließen. Anstelle der Christrosen auch einzelne Tulpen oder Ranunkeln wählen.

Blühwunder

Sie trotzen der Kälte und blühen munter von Dezember bis März oder April: Die Christ- und Lenzrosen. Präsentieren Sie sie „solo" in verschieden geformten und unterschiedlich hohen Gefäßen, die Sie auf einem Silberteller zusammenstellen. Eine schöne Art, Blüten zu arrangieren – zu jeder Jahreszeit.

Januar

Fenster-Bild

Im winterlichen Garten eine Handvoll Birkenzweige und winterharte Gräser schneiden. Das Füllmaterial mit langstieligen Christrosen zu einem Strauß kombinieren. Zuletzt eine Manschette aus den Blättern des Aronstabs um den Strauß legen und festbinden. Eine alte Pfanne oder einen Teller auf die Fensterbank stellen und den Strauß darauf platzieren.

Januar

Schön verzweigt

Die gelbgrüne Schmuckblatt-Mahonie verströmt – mitten im Winter – feinen Maiglöckchenduft! Stellen Sie einen Strauß der feinen Blütenrispen in ein weites Gefäß, schieben Sie auch einen grünen Zweig der leicht stacheligen Blätter dazu. Stecken Sie rund um den Strauß einige sehr lange Triebe der Vielblütigen Wildrose (Rosa multiflora) in die Vase, sodass die Stiele die Außenwand der Vase berühren. Fassen Sie die Wildrosen-Triebe oben locker zusammen und verbinden Sie sie mit feinem Draht.

Januar

Fein arrangiert

Auf nassen Wiesen, an Bachläufen oder Teichrändern findet man sie auch im Winter: Die langen, grünen Binsen. Kürzen Sie sie auf ca. 25 cm Länge ein und stellen sie in kleinen Flaschen auf. Schieben Sie einige Blütenzweige des Winterschneeballs zwischen die Binsen. Stellen Sie je zwei Flaschen auf einem farbigen Teller zusammen – das lässt Blüten und Binsen noch besser wirken.

Gut aufgestellt

Der Echte Jasmin ist ein tapferer Winterblüher. Allein schon seine grünen Zweige wirken im Januar-Garten sehr stark. Zudem lassen sie sich prima für Dekorationen verwenden. Holen Sie einige gerade gewachsene Zweige frühzeitig ins Haus. Fassen Sie sie spiralförmig zusammen, verknoten sie mit einem Bastband und stellen sie in einer Wasserschale auf. Mal eine ganz neue Form der Frühlings-Sehnsucht!

Februar

Frostiger Februar

Es kribbelt in den Fingern! Jeden Tag wächst die Vorfreude auf den Frühling. Wir sind ungeduldig, doch die Jahreszeiten folgen ihrem eigenen Tempo. Da und dort zeigen sich erste Schneeglöckchen, auch die Winterlinge schieben ihre gelben Köpfe ans Licht. Ein Wunder, wie gut sich die Sprösslinge mit der Kälte arrangieren.

Eingekreist

Neues Jahr, neuer Schnitt: Verwerten Sie, was beim Rückschnitt im Garten anfällt! Verwinden Sie z. B. die gerade gewachsenen Triebe der Korkenzieherhaselnuss zu einem Kranz. Schieben Sie zusätzliche Zweige so in das Geflecht ein, dass sie diagonal über die Kranzmitte laufen. Fixieren Sie auch Magnolienzweige, Efeu und einen Tontopf auf dem Kranz.

Februar

Gruppiert

Das altes Fenster, ein Mitbringsel vom letzten Flohmarktbesuch, findet an der Hauswand seinen Platz. Im Vordergrund bekommen die Winterblüher ihre Bühne: Schneeglöckchen, Winterlinge und Milchstern. Alle drei lassen sich prima im Garten ausgraben und eintopfen. Der noch grüne Milchstern schiebt erst im Mai seine Knospen. Einfach, doch wirkungsvoll: Ein Bündel Birkenzweige „lehnt" sich seitlich an das Fenster an und bringt Höhe in die Inszenierung.

Getopft

Im oft grauen Februar lechzen wir nach Farbe! Eindrucksvoll wirken jetzt farbige Arrangements aus Winterlingen. Dazu die gelb blühenden Winzlinge aus den Beeten stechen und in Tontöpfe verschiedener Größe pflanzen. Eine ungerade Anzahl an Gefäßen zusammenstellen. Aus alten Ziegelsteinen, leeren Töpfen und Moos einen Hintergrund gestalten.

Februar

Blütentraum

Knorrig, stachelig, verwachsen: Zweige vom Baum- oder Heckenrückschnitt sind wertvoller, als man denkt. Arrangieren Sie besonders bizarre Vertreter auf einer Silberschale mit großen Kieselsteinen. Pflücken Sie ein Sträußchen Schneeglöckchen und platzieren Sie es in einem Glas zwischen die Zweige. Die Schönheit ist vergänglich, lange halten es die zarten Blüten im Wohnzimmer nicht aus. Dennoch: Eine Augenweide!

Schmuckbild

Im Winter tritt das kunstvolle Muster aus Moosen und Flechten, mit dem der alte Apfelbaum bedeckt ist, ans Licht. Für die gefüllten Schneeglöckchen sind seine Zweige in diesem Stillleben die perfekten Begleiter. Die ummantelten Ästchen geben Halt, Struktur und Fülle. Das ist gut, denn noch sind frische Blüten rar und grüne Blätter als „Lückenfüller" fehlen. Arrangieren Sie einige Zweige mit den Schneeglöckchen in der Vase und legen Sie andere, sehr gerade gewachsene Äste parallel zueinander auf den Teller.

Februar

Winterkleid

Die weißlich schimmernde Birkenrinde ist ein originelles Verpackungsmaterial. Hier umfasst sie einen Topf Schneeglöckchen. Die Rinde um das Gefäß legen und mehrfach mit dünnem Draht umwickeln. Vor der Haustür, auf einer Mauer oder einem dicken Zaunpfahl im Garten aufstellen.

Februar

„Die Blumen des Frühlings sind die Träume des Winters." Khalil Gibran

Zeitlos

Einmal gestaltet, über Wochen genutzt! Auf diesem Tablett umrahmt grobes Naturmaterial die auffällig pink blühende Hyazinthe. Das „Bühnenbild" ist gut durchdacht: Nur die Hyazinthe wird durch eine versteckte Mini-Vase im Bauch der großen Vase mit Wasser versorgt. Die Kastanienzweige bleiben über Wochen knospig – sie stehen auf dem Trockenen. Binden Sie einige Ranken des Immergrüns (Vinca) um die Vase, und geben Sie dem Arrangement durch hohe, derbe Kaminholzscheite eine „Rückwand". Wechseln Sie lediglich die Blüte alle ein bis zwei Wochen aus.

Februar

Malerisch

Keine Frage, so ein Sektkühler ist multifunktional! Gefüllt mit zwei prächtigen Hyazinthen-Blüten punktet er als Vase im XL-Format. Stellen Sie die Blüten samt Wurzelwerk zusammen mit einer Handvoll Heidelbeer-Zweigen aufrecht in den Kühler. Auch Zweige aus der Buchenhecke, von Haselnuss oder Obstgehölzen eignen sich gut. Wenig Wasser genügt.

Betörend

Holt man Hyazinthen im Topf ins Haus, blühen sie länger als die Schnittware. Außerdem wachsen sie weiter, gewinnen an Höhe und Größe und knicken früher oder später um. Abhilfe schaffen große, hohe Vasen. Darin lehnen sich die schweren Sammelblüten bequem an die Glaswand. Eine Alternative sind große Schalen, z. B. alte Wasch- oder Emailleschüsseln. Hier kann die Blüte bequem auf dem Füllmaterial aus Moos und Zweigen oder auf dem Schüsselrand aufliegen.

März

März

Munterer März

Neun Sommertage sollte der März schon haben! So pflegte Heinrich Folte, Landwirt und Vater der Autorin, zu sagen. Definiert man „Sommertage" mit dem Erreichen der 20-Grad-Marke, könnten wir heutzutage schnell einmal enttäuscht sein. Doch die Sehnsucht ist groß, alle warten auf den Frühling! Daher macht es Spaß, zumindest mit Frühblühern im Topf zu gestalten.

März

Geräte-Trio

Nach dem Spiel ist vor dem Spiel! Was für Sportler gilt, kommt auch den Gärtnern bekannt vor. Wer seine Gartengeräte frühzeitig in Schuss bringt, hat zudem durchaus positive Nebeneffekte: Bis zum tatsächlichen Start in den Beeten kann er wunderschöne Stillleben aus Harke, Hacke, Holz und ersten Blühern bauen. Hier bildet eine ausgediente Kabeltrommel die Plattform dazu.

März

Bogenkunst

Der grüne Hartriegel ist jetzt noch weich und elastisch. Dem Strauch tut ein kräftiger Rückschnitt gut. Nutzen Sie die Zweige, um mit Hornveilchen oder Stiefmütterchen bepflanzte Töpfe aufzupeppen. Verwinden Sie z. B. einige Triebe zu einem rustikalen Kranz und setzen Sie einen großen Topf mittig hinein. Knicken Sie zudem kurze und lange Triebe einmal in der Mitte um und schieben Sie sie als kunstvolle Bögen zwischen die Blüher in den Topf.

Wurzelwerk

Bringen Sie eine massive, alte Baumwurzel mit Moos und langen Zweigen der Magnolie auf einem Gartentisch oder Podest zusammen. Bepflanzen Sie verschieden geformte Tontöpfe mit Frühblühern und arrangieren Sie die Töpfe auf den verschiedenen Ebenen der Wurzel. Tipp: Die Sammelstelle für das jährliche Osterfeuer ist ein wahres Eldorado. Hier finden Sie Äste, Wurzeln und anderes, natürliches Dekomaterial in Hülle und Fülle.

März

Schneeweiß

Zum März gehören untrennbar die Märzenbecher. Mit nur wenigen der wunderschönen Blüten holen Sie den Frühling ins Haus. Doch die etwas größeren Schwestern der Schneeglöckchen benötigen in der Vase guten Halt – bauen Sie ihnen ein Gerüst aus Draht! Stellen Sie kleine Vasen bereit und formen Sie passende Röhren aus Kükendraht, die Sie über die Vase stülpen.

Zitronengelb

Frisch und spritzig wirkt ein Kunstwerk mit Zitrusfrüchten. Dafür Zitronenscheiben auf kleine Gläschen auflegen und mittig drei bis fünf Märzenbecher durch das Fruchtfleisch nach unten ins Wasser schieben. Mehrere Gefäße mit Zitronenhälften auf einem Tablett aufreihen.

Veilchenblau

Endlich! Am Wald- und Wegesrand sprießen die Veilchen. Bringen Sie sie für eine aparte Deko in Schalen in zarten Pastelltönen auf den Tisch. Gute Begleiter sind große Kiesel. Zauberhaft wirken die Veilchen auch, wenn Sie sie samt Wurzeln und Erde in alte Kaffeetassen „umsiedeln".

März

März

Prachtexemplare

Aus einem Block Steckmasse kleine Würfel schneiden. Die Würfel gut wässern und zusammen mit etwas Moos in kleine quadratische Vasen drücken. In jeder Vase eine Tulpenblüte fixieren und kurze Blütenzweige der Zierquitte dazustecken. Darauf achten, dass unterschiedliche Höhen entstehen. Die Vasen auf dem Tisch aufreihen.

„Alles war so schön, dass man einfach nicht ertragen konnte, es allein anzuschauen." Astrid Lindgren

März

Traumpartner

Die hellrosa Blüten der Zierquitte passen sehr gut zu den feinen, gefüllten Tulpen. Schneiden Sie zuerst im Garten einige dünne Zweige, z. B. von Heckenkirsche oder Weißdorn, und sprühen Sie sie mit weißer Farbe an. Stellen Sie die Zweige nach dem Trocknen locker in eine Vase. Stecken Sie dann Tulpen und Blütenzweige verschieden hoch in das weiße Gerüst. Eine einfache Methode, um Schnittblumen Höhe, Halt und Volumen zu schenken! Anstelle von Tulpen können Sie auch Ranunkeln oder erste Narzissen verwenden.

Einzelstücke

Eine Vase ist schön, zwei sind schöner! Trotzdem müssen nicht beide Gefäße gefüllt sein. Bündeln Sie eine Handvoll Triebe der Kletterhortensie zu einem Strauß und stellen Sie ihn mit wenig Wasser in die größere Vase. Arrangieren Sie neben den Zweigen zwei langstielige Tulpen. Lassen Sie abgebrochene Blüten unten im Blumenwasser schwimmen.

April

April

Launischer April

„Mal Regen und mal Sonnenschein, dann schneit es wieder zwischendrein. April, April, der weiß nicht, was er will!" Die nächsten Wochen bedeuten Veränderung und Wechsel – aus Grau wird Grün, aus Grün wird Bunt! All das vollzieht sich nicht heimlich, still und leise, sondern mit lautem Getöse, Gewitterblitz und Donnerschlag. Selbstbewusst präsentiert uns die Natur den Frühlingsstart. Egal, wohin man schaut: Blüten, Farben, Düfte.

April

Gelbes Ensemble

Erstaunlich, aber wahr: Bei so viel Gelb braucht es gar kein Grün! Stellen Sie reichlich Zweige der blühenden Kornelkirsche in eine hohe Vase und schieben Sie dann – ohne erkennbare Ordnung – zehn bis zwölf Osterglocken zwischen die Zweige. Wichtig ist nur, dass die Stiellänge variiert. Wunderschön!

April

„Jedem Anfang wohnt ein Zauber inne." Hermann Hesse

Pink-Töne

Hier trifft sich alles, was bereits Knospe, Blatt oder Blüte besitzt! Der bunte Frühlingsstrauß, in dem Pink und Rosé dominieren, besteht aus Hyazinthe, Blutjohannisbeere, Schachbrettblume, Narzisse, Mahonie und knospiger Azalee. Die reinste Augenweide! Er schenkt uns genau das, was nach dem grauen Winter so gut tut: Farbe, Farbe, Farbe! Und ist deshalb auch ein tolles Geschenk für Freunde oder eine Wohltat für die eigene Diele.

Weiß-Macherei

Die Birken tragen schon dicke, pralle Knospen. Wenn Sie die Zweige jetzt ins Haus holen, zeigen sich schnell die ersten, zarten Blätter. Knipsen Sie alle männlichen Blüten, die aus ihren Kätzchen den unschönen Blütenstaub werfen, von den Zweigen ab. Binden Sie die Zweige mit weißen oder weiß-gelben Narzissen, z. B. 'Mount Hood' und 'Acropolis', zu einem langstieligen, hohen Strauß zusammen. Arbeiten Sie auch Blätter der Kletterhortensie ein.

April

Glockenform

Mit Farben und Formen verschiedene Höhen gestalten: Das ist die Leitlinie für eine stimmig wirkende Dekoration. Hier bestreiten verschiedene Narzissen-Sorten mit grünen Zweigen die „oberen Etagen". Große und kleine Vasen wurden dafür auf einem Teller zusammengestellt. Auf der „Tischebene" gesellen sich passend zurechtgeschnittene Kartons mit grünen und gelben Kunst-Eiern sowie einige kurze Zweige der Weidenkätzchen dazu.

Eiertanz

Ein Schauspiel aus Blumen, Kunst-Eiern und Zweigen: Auf diesem rustikalen Tablett finden die verschiedenen Teile sehr harmonisch zusammen. Präsentieren Sie die Eier aus Holz oder Ton in schlichten Gefäßen und stellen Sie mit Zweigen und Hornveilchen gefüllte Kaffeebecher dazu. Stöbern Sie in Ihrer Dekokiste! Erweitern Sie das Stillleben um Fundstücke wie Hühner, Hasen und andere Figuren.

April

„Leise zieht durch mein Gemüt, liebliches Geläute ..."

Heinrich Heine

Ostern im Quadrat

Eine Rechenaufgabe ist es nicht, nur ein bisschen Konstruktionsarbeit: Stellen Sie in die Mitte eines quadratischen Tellers eine ebenfalls quadratische Vase. Schneiden Sie vier verschieden farbige Eierkartons so zurecht, dass – jeweils über Eck – drei Eier gut darin Platz finden. Positionieren Sie die Karton-Ecken mit gefärbten Hühnereiern rund um das Gefäß. Füllen Sie die Vase mit wenigen Tulpen, Ranunkeln und blühender Zierquitte.

April

Hereinspaziert...

Zeiten ändern sich: Die gute alte Tortenplatte mit Fuß – ein lange verschmähtes Erbstück – darf heute wieder auf dem Tisch stehen. Dekoriert mit mehreren Gläschen aus der Blumenreihe (rechts im Bild) bringt sie eine weitere Dimension in das Arrangement. Wichtig: Gruppieren Sie die Gefäße unregelmäßig auf dem Tisch oder der Tortenplatte. Eine ungerade Anzahl wirkt spannend.

April

Esst, Freunde, trinkt!

Auf einem liebevoll gedeckten Tisch darf es an Deko nicht fehlen. Das Gute: Ein schöner Tischschmuck kann ganz unkompliziert sein. Einfach, natürlich, echt – das genügt! Reihen Sie auf einer langen Tafel z. B. eine Vielzahl kleiner Einmachgläser auf. Füllen Sie die Gläschen zuerst mit kurz geschnittenen Stöckchen des grünen Hartriegels. Schieben Sie dann jeweils einige Narzissen der Sorte 'Tête-à-tête', Perlhyazinthen und Blausternchen dazwischen.

April

„Glück ist die Zeit,
in der man sie vergisst."

April

Wildkraut

Bei den „Wilden" ist um diese Zeit schon richtig was los. Überall sprießen Löwenzahn, Gänseblümchen, Gundermann, Giersch und auch die violett blühende Taubnessel. Reihen Sie die kleinen Naturtalente auf dem Gartentisch auf. Lassen Sie dabei einige Blüten und etwas gezupftes Gras auf den Tisch fallen.

Blütenreich

Etwas edler geht es bei den Primeln zu. Die alten Sorten werden „blütenrein" in kleinen Gläsern auf einer ovalen Platte präsentiert. Höhe entsteht durch eine Vase mit Gold-Flattergras (Milium effusum 'Aureum'). Das gelbgrüne Gras verleiht auch größeren Sträußen oder Gestecken Schwung und Leichtigkeit.

Kinderkram

Eine Ruck-zuck-Deko, die schneller und einfacher nicht sein kann: Mehrere, kleine Gläser zur Hälfte mit Wasser füllen. Etwas Gras von der Rasenkante abschneiden und in die Gläser stellen. Die Stiele verschiedenfarbiger Tulpen auf 4 bis 6 cm einkürzen und in die Gläser stellen. Entzückend! Anstelle von Tulpen auch andere, große Blüten verwenden.

April

Gegengewicht

Die Zutatenliste ist überschaubar: Ein bauchiges Weckglas, eine Stiefmütterchenpflanze, ein farblich passender Essteller und die Steinchen vom Ostseestrand. Das Glas zuerst mit der Pflanze (mit Wurzel), dann mit den Steinen befüllen. Nach Belieben auch Birkenzweige zwischen den Blüten fixieren. Als letzten Schritt das Weckglas auf dem Teller platzieren. So wiederholt sich die Farbe der Blüte, und das Arrangement bekommt ein Umfeld, in dem es wirken kann.

April

Primel pur

Schlüsselblume oder Primel? Hier ist der Name zweitrangig. Im Solo-Auftritt glänzt die zarte Blüte besonders: Sammeln Sie kleine Milch- oder Kaffeesahne-Fläschchen, legen Sie je ein Rhododendron-Blatt um die Gefäße und umwickeln Sie das Blatt mehrfach mit feinem Draht. Geben Sie Wasser in die Fläschchen und stellen Sie je eine Sammelblüte der Primel hinein. Beachten Sie: Eine Vase allein macht wenig her. Reihen Sie auf einem mittelgroßen Tisch mindestens sechs bis sieben Gefäße – am besten noch mehr – in unregelmäßiger Folge hintereinander auf.

In Kombination

Die Primel 'Oma Bertha' blüht lange, ist sehr robust und duftet fein. Die Autorin hat den Frühblüher aus dem Bauerngarten der Großmutter gerettet und dementsprechend benannt. Farblich harmoniert die hellgelbe Primel vor allem mit den Violett-Tönen der Küchenschelle und des Hornveilchens.

April

Zweierlei

Im Garten haben sich die Vergissmeinnicht großzügig ausgesamt und zeigen sich nun an allen Ecken und Enden. Passend dazu öffnen sich die dicken Blüten der Magnolie. Frei nach dem Motto „Was in der Natur zeitgleich blüht, harmoniert auch in der Vase" entsteht die Dekoration: Die blauen Winzlinge locker mit den großen Einzelblüten in einer Glasvase arrangieren. Das Gefäß seitlich auf ein weißes Tablett setzen und drumherum Birkenrinde, kahle Zweige und Blütenblätter anordnen.

April

*„Oft sieht man etwas hundert Mal,
ja tausend Mal,
bevor man es wirklich sieht."*

Christian Morgenstern

Dreiklang

Die bildschönen, geliebten Magnolien eignen sich auch gut für Gestecke. Hier genügen bereits drei Exemplare, um den Gartentisch zu verschönern. Zum Nachbauen einfach eine Schale mit einem Stück gut gewässerter Steckmasse füllen. Das Material unter Bergenienblättern, anderem Blattwerk oder auch Fruchtständen, z. B. Efeubeeren, verstecken. Die Magnolienblüten in einer geraden Linie in der Steckmasse fixieren.

April

Altes Utensil

Die große, ovale Emailleplatte ist „in die Jahre gekommen". Das Alter macht sie für die Dekoration nur noch wertvoller. Stellen Sie einen schlicht-weißen Milchkrug auf die Platte, der mit kurzen Zweigen der Blutjohannisbeere gefüllt ist. „Garnieren" Sie die Platte mit einigen trockenen Zweigen und locker verstreuten Blüten. Schieben Sie nach Belieben auch Ranunkeln zwischen die Zweige.

April

Zweiter Frühling

In jedem alten Küchenschrank finden wir sie: Schütten für Zucker, Mehl, Salz oder Reis. Funktionieren Sie die Erbstücke um, und servieren Sie anstelle von Grundnahrungsmitteln kleine Blumensträuße darin. Hier schmücken die Blüten des intensiv duftenden Korea-Schneeballs (Viburnum carlesii 'Aurora') und feiner Kaukasus-Vergissmeinnicht das Glasgefäß mit langer Geschichte.

Mai

Mai

Fröhlicher Mai

Joachim Ringelnatz schreibt:
„Ich bin so knallvergnügt erwacht, ich klatsche meine Hüften. Das Wasser lockt, die Seife lacht, es dürstet mich nach Lüften..."
Zu welchem Monat könnten diese Zeilen besser passen als zum Mai. Stauden, Sträucher und Bäume wiegen ihre reichen Blüten. Im Ammerland, der Heimat der Autorin, dominieren die Rhododendren und Azaleen. Mehr Erstaunen, mehr Wonne und Blütenpracht gibt es nicht. Warum noch warten?
Auf (in) die Vasen, fertig, los!

Mai

Parfümiert

Dieser kleine Strauß verbindet den Duft von Maiglöckchen und Azaleen. Die Blümchen sind „in Etagen" angeordnet. Zwischen den weißen Glöckchen und gelben Azaleen entfalten sich die Blüten des Apfelbaums. Damit die zarten Pastellfarben ideal zur Geltung kommen, erhält der Strauß eine grüne Manschette aus Maiglöckchen- und Rhododendron-Blättern.

Originell

Pflücken Sie beides: Die Stiele und die Blätter des Maiglöckchens. Fassen Sie zuerst fünf bis sechs Blütenstiele in der Hand zusammen. Nehmen Sie einige Blätter dazu, biegen Sie die Blattspitzen zur Basis zurück und binden Sie das Sträußchen zusammen. Reihen Sie drei Sträuße dieser Art in Gläsern auf und arrangieren Sie zusätzlich kurze Zweige von blühenden Obstgehölzen in den Gefäßen.

Mai

„… süße, wohlbekannte Düfte streifen ahnungsvoll das Land." Eduard Mörike

Schön schlicht

Maiglöckchen wirken so apart, dass sie bereits „pur" überzeugen. Doch auch farbenfrohe Begleiter stehen ihnen sehr gut zu Gesicht. Umrahmen Sie die Blütenstiele mit zahlreichen, zu Rundbögen geformten Maiglöckchen-Blättern. Binden Sie die Stiele und Blätter kompakt zusammen, schneiden Sie sie relativ kurz ab und stellen bzw. legen Sie den Strauß in eine kleine Tonschale. Arrangieren Sie rundherum Vergissmeinnicht-Blüten und platzieren Sie die Schale auf einem farbigen Teller.

Mai

Glückselig

Lila, violett, rosé: Zeitgleich mit dem Apfelbaum blüht der Flieder. In der Vase passen die Farbtöne der verschiedenen Blütenzweige perfekt zueinander. Ergänzen Sie die Blütenpracht lediglich um eine große Portion Gräser vom Wegesrand. Binden Sie das Blattwerk ungefähr mittig in den Strauß mit ein. Wirkt herrlich locker und verspielt!

Mai

Zauberhaft

Im Mai schwelgt das Ammerland in Farben und Formen: Tausende Rhododendren blühen am Straßenrand, in Gärten und Parks. Und dieser kleine, kompakte Strauß in Violett und Pink beweist: Auch „Rhodos" und Flieder sind ein tolles Gespann. Wichtig: An den Fliederzweigen stets die Blätter abknipsen, den holzigen Stielansatz mit einer Rosenschere aufritzen oder mit einem Hammer breit klopfen und in lauwarmes Wasser stellen.

Fliederfein

Hoch oder niedrig wachsend, weiß oder farbig, mit einfachen oder gefüllten Blüten: Der Fliederstrauch hat viele Gesichter. Hier findet die kleinblütige Sorte Syringa meyeri 'Palibin' mit Wiesenkerbel und dem Grün der Katzenminze zusammen. Der üppige Strauß ist eine Schönheit, die man gern lange betrachtet.

Mai

Blütenspiel

Pfingstrosen, auch Paeonien genannt, sind Sonnenanbeter. In schattigen Beeten gedeihen die Stauden kaum. Selbst als Schnittblume reagieren die Blüten stark auf Wärme und Licht. Präsentieren Sie einige kurzstielige Exemplare „solo" in niedrigen Gläsern oder Schalen. Kreieren Sie lediglich ein Umfeld aus wenigen Gräsern und Steinen oder Muscheln. Kunstvoll entfalten sich die Blütenblätter im Sonnenlicht.

Rosenweiß

Anmutig wirkt diese Kombination großer, weißer Pfingstrosen mit wesentlich kleineren, blauen Flockenblumen. Verarbeiten Sie sie mit den noch grünen Trieben der Fetthenne und ein wenig blühender Minze zu einem kompakten, runden Strauß. Fassen Sie den Blumen-Mix für eine optimale Farbwirkung mit den feinadrigen Blättern der Blaublatt-Funkie 'Elegans' ein.

Mai

Pfingstblumen

Ein Garten ohne Gräser? Undenkbar! Sie bringen Leichtigkeit und Bewegung in jede Form von Arrangements. Bei diesem hohen, schlanken Strauß helfen sie, die Pfingstrosen mit den Ranken der wilden Erdbeere harmonisch zu verbinden. Entscheidend für eine gute Gesamtwirkung ist zudem die Platzierung der markanten Blüten: Oben die knospigen Modelle, tiefer die voluminösen, ganz aufgeblühten Vertreter. So wirkt der Strauß im unteren Bereich etwas voller und breiter.

Mai

Wonnevoll

Nicht erst im Sommer, auch schon jetzt im Mai finden sich allerlei „Zutaten" für einen bunten, oppulenten Strauß. Pflücken Sie einige Blumen im Garten, z. B. Margeriten und Flockenblumen, und schneiden Sie reichlich Gräser, Wiesenkerbel und Gierschblätter vom Wegesrand. Die wild gewachsenen Formen schenken dem Strauß Fülle und Volumen.

Mai

Harmonisch

Helle Freude! Wiesenkerbel und Margeriten ergänzen sich sehr perfekt. Wie ein Verstärker wirken zudem die Blätter der Funkie 'Aureomarginata', die den Strauß als Manschette umkleiden. Durch ihre gelb-grüne Farbe strahlen die Weißtöne umso stärker. Anmutig: Ein Mini-Strauß Margeriten gesellt sich zum großen Gebinde.

Grünlastig

Blütenknäuel an Blütenknäuel: Der Frauenmantel lässt erahnen, wie groß und üppig die Staude einmal werden will. Doch noch dienen die Blüten als „Beiwerk", um den Margeriten einen grünen Rahmen zu geben. Bemerkenswert: Die Außenlinie der Sträußchen zieren die großen, runden Blätter des Frauenmantels. Sie sind locker mit der Blattunterseite nach oben angelegt. Originell – das sieht man selten!

Mai

Getreidezart

Roggen kann eine gute Feldfrucht oder Gründüngung sein. Praktisch, wenn nach der Ernte am Feldrand ein paar Getreidehalme übrig bleiben! Zusammen mit den weißen Blüten der gefüllten Akelei bildet das Getreide in der Vase eine schöne Einheit. Auch mit Akelei in Rosé- oder Violett-Tönen wirkt der locker arrangierte, blaugrüne Roggen sehr harmonisch.

Blütenblau

Für diesen feinen Strauß etwas Getreide zusammenfassen. Eine sehr lange und drei bis vier kurzstielige Blüten des Zierlauchs 'Purple Sensation' dazunehmen, im unteren Bereich auch einige Margeriten und Kräuter anlegen. Den Strauß mit zahlreichen Funkienblättern einfassen. In eine hohe, gerade Vase stellen.

Mai

Wiesen-grün

Die Wildgräser am Feld- und Wegesrand schieben jetzt ihre langen Samenstände. Folgen Sie der Einladung, bedienen Sie sich und gestalten Sie z. B. diesen puristischen Kranz aus Trespe. Bereiten Sie dafür viele, kleine Gras-Sträuße mit einer Länge von 15 bis 20 cm vor. Binden Sie die Sträuße dicht an dicht auf einen Drahtring. Verwenden Sie lediglich im letzten Schritt eine Handvoll Gräser mit längerem Stiel (etwa 40 cm) und lassen Sie sie nach oben und unten weit überstehen. Schmücken Sie den Abschlusspunkt mit blühendem Salbei.

Mai

Wild gewachsen

Dekorativ und deliziös: Jetzt im Mai ist die wilde Knoblauchsrauke (li.) ein weit verbreitetes „Unkraut" mit feinem Knoblauch-Aroma. Sie sollten Sie erntefrisch, z.B. im Salat oder als Kräuterquiche, genießen. Auch der Strauß aus Giersch und Brennnesseln (re.) ist gestalterisch und kulinarisch ein Genuss.

Helden des Monats

Wir präsentieren: Nachtviole an glatter Petersilie, blühender Thymian mit Freundin Schnittlauch, Guter Heinrich nebst Waldmeister! Das lange Tablett zeigt die Protagonisten des Wonnemonats Mai. Das Werk erscheint „zu schön", um es zu verändern. Doch wenn man wollte oder müsste: Das Kräuter-Komitee ist komplett essbar.

Mai

„Ein lustiges Leben ohne Essen taugt nichts." Astrid Lindgren

Unverwüstlich

Die schönen Wilden, also Gundermann (li.) und Vogelmiere (re.), auch sie machen in der Vase eine gute Figur. Vor allem Gundermann wächst und wurzelt wie ein Weltmeister. Beide Wildkräuter sind zudem ein Gaumenschmaus, z. B. als Zutat im Salat oder als Pesto. Rezeptvorschläge finden Sie auf den hinteren Buchinnenklappen. Guten Appetit!

Juni

Juni

Verspielter Juni

Der Juni, einer der üppigsten Monate des Jahres, ist da! Überall quillt der Frauenmantel aus den Beeten, ebenso die Katzenminze. Die Rosen zeigen, wie viel Schönheit und Duft in ihnen steckt. Die Tage sind lang und hell. Es ist warm, es ist Mittsommer! Die beste Zeit, um draußen zu sitzen und die Natur zu genießen – mit all ihrer Blütenpracht.

Juni

Künstlerische Freiheit

Üppig wächst jetzt im Garten der Rhabarber. Anstatt nur mit ihm zu kochen und zu backen, kommt das Gemüse hier auch dekorativ zum Zuge: Die Stiele frisch ernten, auf verschiedene Längen einkürzen und dabei den Blattansatz oben erhalten. Fünf bis sechs Stiele in eine Glasvase stellen. Unterschiedlich lange Bartnelken zwischen den Rhabarber schieben, fertig! Ein skurriles Werkstück.

Juni

Nelkenschön

Die Bartnelken in alle ihren Farbnuancen geben sich die Ehre. Der dicke Strauß ist rund gebunden und so „standfest", dass er problemlos auf dem Gartentisch thronen kann. Entblättern Sie die Bartnelken im unteren Bereich. Halten Sie einige Stiele gerade in der Hand und legen Sie weitere Stiele immer schräg an. Drehen Sie den Strauß dabei langsam in der Hand, sodass nach oben (Blüten) und unten (Stiele) eine Spirale entsteht. Binden Sie den Strauß fest zusammen, schneiden Sie die Stiele gerade ab und balancieren sie das Gebinde gut aus, damit es aufrecht und sicher in der Wasserschale steht.

Farbenfroh

Drei Komponenten, ein Kranz! Wässern Sie einen Kranzrohling aus Steckschaum und bestücken Sie ihn im unteren Bereich dicht mit den Blättern des Frauenmantels. Bestecken Sie die Oberseite des Rohlings üppig mit kurzstieligen Bartnelken-Blüten. Schließen Sie mit wenigen grünen Stielen, z.B. von Stauden, Kräutern oder grünem Hartriegel, ab. Unordentlich ist erlaubt!

Juni

Rosige Zeiten

Ein rosé-farbener Streifen durchzieht diesen Strauß. Grüne, gerade gewachsene Stiele, z.B. von Fenchel, Bambus oder Hartriegel, bilden die Mitte. Binden Sie die Stiele im oberen Drittel mit einem Band zusammen. Legen Sie dann auf einer Seite Frauenmantel in verschiedenen Höhen an. Bestücken Sie die andere Seite mit Rosen und Fruchtständen der Akelei. Umfassen Sie den Strauß zum Abschluss mit unterschiedlich geformten Blättern, z.B. einem Mix aus Funkie, Bergenie, Giersch und Herbstanemone, und binden ihn mit einem Band zusammen.

Pure Schönheit

Grün in Grün: Binden Sie kleine Frauenmantel-Sträuße. Umfassen Sie sie dann mit einer Manschette aus den Blättern der Mini-Funkie 'Golden Tiara'. Reihen Sie drei bis fünf Sträußchen in der Tischmitte auf. Schieben Sie nach Belieben auch einzelne kleine Rosenblüten mittig in die Sträuße.

Juni

Stufenschnitt

Funkienblätter sind ein ideales Dekomaterial. Viele Sträuße, die man mit ihnen einfasst, erhalten oft erst durch die grüne Blattmanschette eine starke Wirkung und Einheit. In diesem Strauß aus Mutterkraut, Frauenmantel und langstieligen Funkienblüten besetzen die Blätter jedoch nicht nur eine Nebenrolle: Einige Exemplare der Goldrand-Funkie 'Aureomarginata' sind mit ungewöhnlich langen Stielen in den Strauß eingebunden. So strecken sie sich mit den Funkienblüten in die Höhe.

Juni

Eingedreht

Wer seine Frauenmantel-Stauden nach der Blüte zurückschneidet, erntet Blätter im Überfluss. Sie lassen sich raffiniert verarbeiten: Fassen Sie acht bis zehn Blätter in einer Hand zusammen, drehen und „verknüllen" Sie sie leicht miteinander. Kürzen Sie die Stiele auf eine Länge ein und schieben Sie den Blätterstrauß in einen farbigen Kaffeebecher. Stellen Sie mehrere Becher auf einem großen Teller zusammen, denn diese „Machart" wirkt in der Mehrzahl.

Juni

„Komm in meinen Garten. Ich möchte, dass meine Rosen Dich kennenlernen." Richard B. Sheridan

Aufgehübscht

Sattes Grün zur Untermalung: Bestücken Sie einen gewässerten Kranz aus Steckschaum großzügig mit den Blättern des Frauenmantels. Schmücken Sie ihn mit einzelnen Frauenmantel-Blüten und Rosen in verschiedenen Farben und Größen aus. Winden Sie abschließend entblätterte Ranken von Zaunwinde oder Clematis um den Kranz.

Juni

*„Oh Augenblick, verweile doch!
Du bist so schön!"* Johann Wolfgang von Goethe

Imposant

Unreif geerntete Triticale oder anderes grünes Getreide sind ein Hingucker auf dem Gartentisch. Bündeln Sie eine Handvoll Getreide und binden Sie es mit einem Bastband zusammen. Legen Sie dann zwei Getreidehalme über das Band und verknoten Sie sie vorsichtig. Schneiden Sie die Halme unten gerade ab und ziehen Sie sie spiralig auseinander, um die kleine Garbe auszubalancieren.

Blumig

Stellen Sie frühsommerliche Gartenblumen wie Margeriten und Mutterkraut jeweils „sortenrein" in kleinen Trinkgläsern oder Glasvasen zu Grüppchen auf dem Tisch zusammen. Auch die fedrige, blaue Flockenblume – eine Staudenpflanze, die der wilden Kornblume ähnelt – passt farblich sehr gut in dieses natürliche Arrangement. Ohne Blütenblätter, doch mit elegant-schlichter Schönheit runden die Mohnkapseln das Ensemble ab.

Markant

Die Kapseln des einjährigen Mohns (Papaver somniferum) haben eine beeindruckende „Architektur" und sind kleine, feine Kunstwerke für sich. Schneiden Sie die Stiele kurz, und stellen Sie Kapseln verschiedener Größe in einem Trinkglas zusammen. Oder gestalten bzw. legen Sie aus langstieligen Kapseln Muster und Formen auf der Tischdecke. Praktisch: Die grau-grünen Samenstände kommen problemlos ohne Wasser aus.

Juni

Wie gemalt

Kombinieren Sie die Getreidegarbe mit Sommerblumen, blühendem Mohn und grünen Mohnkapseln zu einer stimmungsvollen Tischdekoration. Legen Sie zuerst eine weiße Leinendecke oder weiße Tischläufer auf den Gartentisch, so treten die Farben und Formen noch besser hervor. Bringen Sie auch große, formschöne Steine, Bruchkanten oder Ziegel in das Arrangement mit ein.

Juni

Kunstvoll

Vom Winde verweht: Die leicht gekrümmten Samenstände der Akelei verbinden sich in diesem üppigen Strauß mit wenigen Glockenblumen, Nesseln und einzelnen Blüten der Kletterrose 'Felicite et Perpetue'. Es ist anders als sonst: Das Charmante an diesem Strauß ist das Verblühte, das „Alte" und „Reife" der Fruchtstände. Sehr harmonisch wirkt als Vase ein cremefarbener Wasserkrug.

Juni

Natürlich

Binden Sie die Blütendolden des reifen Frauenmantels dicht und kompakt auf einen Drahtring. Arbeiten Sie hier und da auch kleine Sträuße von Katzenminze, blühendem Salbei oder Lavendel mit ein. Sehr dekorativ wirken zudem die Samenstände des Brandkrauts (Phlomis). Legen Sie dickeren Dekodraht, Hopfenranken oder die Triebe des Echten Jasmins locker über den Kranz und hängen Sie ihn auf. Drahten Sie zum Abschluss etwas Birkenrinde auf dem Kranz fest.

Sinnlich

Einer der intensivsten Düfte des Sommers ist der des Lavendels! In der Dekoration sollten Sie an Blütenstielen nicht sparen, so kommt – ähnlich wie in den Gartenbeeten oder auf den Feldern der Provence – die intensiv blaue Leuchtkraft zustande. Arrangieren Sie den Lavendel in Glasgefäßen mit Steinen, Kieseln oder Sand. Die Blüten trocknen langsam ein und behalten dabei lange ihre Farbe.

Juli

Juli

Farbenfroher Juli

Sommerzeit – Gartenzeit! In wohl keinem anderen Monat verbringen wir so viele Stunden und Tage im Freien wie in diesem. Wir genießen die Fülle des Grüns und der Blüten und gönnen uns auch einmal Stunden der Muße. Die Arbeit des Frühjahrs ist getan und die des Herbstes beginnt noch lange nicht. Der Juli beschert uns köstliche Düfte, üppige Blüten und viel Grün. Das bringt auch uns zum Aufblühen.

Juli

Filigran

Gräser mit ihren unterschiedlichen Samenständen haben im Juli Hochkonjunktur. Gerade, wenn sie durch Sonne und Trockenheit schon etwas braun geworden sind, wirken Sie in der Vase toll. Hier füllen Süßgräser, die sogenannten Draht-Schmielen, den Strauß. Ihre Farbe harmoniert wunderbar zu den rosa Blüten der Staudenwicke.

Bildschön

Für diesen Strauß reichlich Draht-Schmielen oder andere feine Gräser pflücken und mit ungefülltem Mutterkraut kombinieren. Den Strauß zusammenbinden und in eine weiße oder graue Vase stellen, so kommen die Farben am besten zur Geltung. Birkenrinde rund um die Vase drapieren. Anstelle von Mutterkraut können Sie auch Kamille verwenden.

Juli

„Verstecke dich faul in die Fülle der Gräser."
Joachim Ringelnatz

Federleicht

Feine Gräser, frohe Farben: Die Ringelblume blüht jetzt nicht nur in Gelb, sondern auch in Orange und vielen Zwischentönen. Ihre satten Blüten passen hervorragend zu dem dunkleren Ton der zarten Gräser vom Wegesrand, hier im Bild sind es Draht-Schmielen. Rund um den Strauß liegen großzügig verstreute Blütenblätter auf dem Tisch.

Juli

*„Unkraut nennt man die Pflanzen,
deren Vorzüge man noch nicht erkannt hat."*

Ralph Waldo Emerson

Elegantes „Unkraut"

Schönes Grün ist nicht nur im Garten, sondern auch am Weges- oder Feldrand zu finden. Pflücken Sie z. B. blühende Brombeeren, Weißklee, Schafgarbe, Vogelwicke und Blätter vom Geißblatt. Stellen Sie die vermeintlichen Unkräuter in Kaffeesahne-Fläschchen, die Sie etwa zur Hälfte mit Wasser füllen, auf einem Tablett zusammen. Legen Sie auch die noch unreifen Holunderbeeren dazu.

Feine Rispe

Auch das Weidenröschen wächst häufig am Wegesrand in großen Pflanzengruppen. Trotz der üppigen Blütenpracht wird es hier – einzeln und pur – in einem kleinen Kaffeesahne-Fläschchen arrangiert und nur von einigen unreifen Holunderbeeren auf einem weißen Tablett begleitet. Das wirkt edel, schlicht und ruhig.

Bunte Mischung

Frisch vom Feldweg: In diesem Strauß finden sich das Grün vom Beifuß, die Vogelwicke, die Kamille, die gelben Blüten vom Gewöhnlichen Gilbweiderich und die Dolden der Wilden Möhre wieder. Binden Sie die Wicken und das Beifußgrün in der Mitte etwas höher, und arrangieren Sie die weißen und gelben Blüten locker drumherum. Verwinden Sie eine entblätterte Efeuranke zu einem lockeren Kranz. Platzieren Sie die Vase in diesem liegenden Ring.

Juli

Mit Gräsern gekränzt

Die dunkelgrünen Efeublätter sind jetzt im Juli schon so robust und ledrig, dass sie gut ohne Wasser auskommen. Arbeiten Sie sie in einen großen Kranz ein: Binden Sie kleine Sträuße der Efeublätter im Wechsel mit verschiedenen Süßgräsern mit feinem Rosendraht auf einen Drahtring. Richten Sie die Gräser-Sträuße dabei jeweils nach innen und außen aus. Setzen Sie mit den Samenständen des reifen, verblühten Brandkrauts (Phlomis) Akzente.

Juli

Im Zeichen der Zinnie

Die Autorin liebt Zinnien! Sie brauchen nicht viel Begleitung – das Grün im Kranz reicht aus, um die besonderen Blüten der Samenmischung 'Red Lime & Green Lime' zum Leuchten zu bringen. Die Basis bildet ein kräftig gewässerter Kranz aus Steckschaum, der zunächst mit den kleinen Blättern des Immergrüns und duftenden Basilikumblättern der Sorte 'African blue' bestückt wird. Es folgen einige Dill- oder Fenchel-Dolden, die dem Kranz Leichtigkeit geben. Die Zinnienblüten in unregelmäßiger Gruppierung bilden den Abschluss.

Juli

„Pflanzendüfte sind wie Musik für unsere Sinne."

Altpersisches Sprichwort

Aromatisch

Das Kräuteraroma ist am intensivsten, wenn der Morgentau abgetrocknet ist. Deshalb sollten Sie Kräuter immer zur Mittagszeit ernten. Hier wurden kleine Sträußchen vom Thymian geschnitten, mit Draht gebunden und kopfüber aufgehängt. So können die Kräuterstiele gut trocknen, während der Rückschnitt die Pflanzen zum erneuten Austreiben anregt.

Kräuter der Provence

Sommerzeit ist Kräuterzeit! Um den herrlichen Kräuterduft in die kalte Jahreszeit zu retten, werden die Kräuter dekorativ in einem Eisenring (Ø 60 cm), der im Winter für den Adventskranz reserviert ist, getrocknet. Goldener Dekodraht wird darin als „Leine" gespannt und mit kleinen Sträußchen von Rosmarin, Thymian und Oregano in unterschiedlichen Farbtönen behängt. Der dünne Trockenring wirkt vor einem rustikalen, einfarbigen Hintergrund besonders gut und ist eine tolle Dekoration für die entspannte, sommerliche Gartenparty.

Juli

81

Juli

Lichtspiel

Das Lieblings-Unkraut der Autorin ist die Zaunwinde. Die Ranken einfach von den Blättern befreien und ohne sichtbare Ordnung um ein weites Kerzenglas, gefüllt mit zwei grünen Stumpenkerzen und etwas Sand, legen. Das Kerzenglas auf einen grünen Porzellanteller stellen und mit unreifen Beeren der Eberesche oder des Holunders schmücken. Ein Ensemble für laue Sommerabende!

Apfelgrün

Hier steht das hohe, schmale Kerzenglas mit einer weißen Stumpenkerze auf einem großen Porzellanteller. Umkränzt wird es von grünen Holunderbeeren, die – zu kleinen Sträußen gefasst – dicht an dicht auf einen Drahtring gebunden sind. Die unreifen Äpfel, die schon vom Baum gefallen sind, werden paarweise in dem liegenden Kranz drapiert.

Juli

Schöner Schein

Wer bekommt da keine Lust auf einen Sommerabend im Garten? Anstelle der imposanten Blüten des Blauregens wird hier mit seinen samtigen Samenschoten dekoriert. Binden Sie sie mit einem schönen Band an ein hohes Kerzenglas und verteilen Sie die Schoten auch auf dem grünen Teller drumherum. Farblich passen wunderbar die futuristischen Blütenknospen der blauen Kugeldistel dazu. Die Knospen halten ausgesprochen lange, wenn man sie frühzeitig schneidet. Wichtig: Blauregen ist giftig, die Schoten keinesfalls verzehren!

„Sommerabende, ihr lauen, bettet mich auf eure Kissen." Theodor Fontane

August

August

Üppiger August

Im August steht alles in voller Pracht: Die Einjährigen wie Löwenmäulchen, Ringel- und Sonnenblumen blühen. Der Garten gleicht einer grünen Oase, wenn es nicht zu trocken war. Auf den Blumenfeldern ist jetzt eine traumhafte Auswahl an Blumen und Blattwerk zu finden. Viele überreife Blüten lassen sich nun gut trocknen. An schwülen Tagen beschleichen uns erste Ahnungen des Spätsommers.

August

Türöffner

Wie zufällig hängt der kleine Korb einladend an der Gartenpforte, gefüllt mit dem, was beim Gartenspaziergang ins Auge sticht und nun eintrocknen darf. Arrangieren Sie z. B. verschiedene Gräser mit der violetten Mexikonessel, kleinen Hagebutten der Rosa multiflora und Hopfen. Im August hält das zu Trocknende zwar nicht allzu lange, da die Sonne noch sehr viel Kraft hat. Für den ersten, herzlichen Eindruck lohnt es dennoch.

August

Lila Laune

Das eingekränzte Türschild heißt Besucher willkommen. Der Kranz aus geraden Stielen vom Staudenfenchel (auch Hartriegel oder Haselnuss eignen sich gut) ist mit farbigem Bast gebunden. Das Violett wird von Mexikonessel und Oregano aufgenommen. Dazu passen Doldenblüten, etwa Samenstände von Dill, Fenchel oder Petersilie. Hopfenranken lockern die Struktur auf.

Zaungast

Die Stiele und Dolden des Fenchels sind das Interessante an diesem üppigen Kranz. Die etwa 10 cm langen Stücke werden abwechselnd mit kleinen Sträußen von Oregano und Katzenminze, Samenständen der Veronica, ledrigen Blättern der Scheinbeere (Gaultheria shallon) und Hortensienblüten auf einen Drahtring gebunden. Wählen Sie die Hortensienblüten sorgfältig aus: Wenn sie noch nicht gut ausgereift sind, lieber darauf verzichten oder die Stiele mit Wasser in einem Reagenzglas versorgen.

August

„Die Blume lebt und liebt und redet eine wunderbare Sprache." Theodor Fontane

Großartig

Im alten Rom wurden die Gladiatoren nach einem siegreichen Kampf mit Gladiolen überhäuft. Die Schwertblume wirkt als Einzelblütenrispe besonders stark: Hier steht sie mit unterschiedlich langen Stielen des Riesenknöterichs und Blättern und Hagebutten der Rosa mulitflora in einer eckigen Glasvase. „Wie zufällig" liegt vor der Vase eine Knöterich-Stange.

Charakterstark

Während Gladiolen in einem Strauß manchmal starr und dominant wirken, kommen sie mit minimaler Begleitung elegant und erhaben zur Geltung. Gräser und schlichte, hohe Gefäße passen sehr gut. Das gilt auch für den leicht gesprenkelten Riesenknöterich, den man am Straßen- oder Wegesrand häufig findet.

August

Schatten-Spiel

Auf Blumenfeldern und im Garten werden die nicht winterharten Gladiolenzwiebeln im Frühjahr als Lückenfüller gepflanzt. In der Vase blühen sie von unten nach oben an der Blütenrispe auf und halten sehr lange. Eine passende Umgebung für das schlichte Blumenarrangement schafft ein zweites Gefäß. Besonders schön, wenn Sonnenstrahlen ein Licht-Schattenspiel auf den Hintergrund zaubern.

August

Seelenruhig

Viel Farbe und Duft mit einem Hauch Nostalgie: Hier erstrahlt der altbackene Seifentopf in neuem Glanz. Er dient als Vase für einen hochsommerlichen Blumen-Kräuter-Mix. Binden Sie zuerst einen kleinen, runden Strauß aus Ringelblumen und Eisenkraut (Verbena bonariensis). Lassen Sie dabei einige violette Eisenkraut-Blüten an langen Stielen vorwitzig aus dem Gebinde herausragen. Umfassen Sie den Strauß zum Abschluss mit rotblättrigem Salbei (Salvia officinalis 'Purpurascens').

August

Wildromantisch

Imposante Sonnenblumen und zarte Wildkräuter ergänzen sich wunderbar. Zuerst reichlich kleinblütige Pflanzen, z.B. Kamille vom Feldrand, Gräser und Johanniskraut, in eine hohe Vase mit handwarmem Wasser stellen. Die Stiele der Sonnenblumen schräg anschneiden, für 50 Sekunden in kochendes Wasser tauchen und herausnehmen. Die gelben Blütenteller locker zwischen den Wildblumen arrangieren.

Schwungvoll

Eine große Glasvase mit kleinen Scheiten aus dem Kaminholz-Stapel füllen. Dabei Platz für ein schmales, hohes Glas lassen. Dieses mit Wasser füllen, zwei Sonnenblumen hineinstellen und das Glas in den Scheiten fixieren. Dill-Dolden und Gräser zwischen die Hölzer schieben. Zudem sieben bis acht Ranken der Zaunwinde entblättern, um die Vase legen und zu einem lockeren Knoten verwinden. Wichtig: Das Holz muss stets „im Trockenen stehen". Ansonsten saugt es sich mit Wasser voll und verfärbt.

August

Junges Gemüse

Die sonnig-gelbe Zierpaprika gibt es jetzt auf dem Wochenmarkt. Sie hält sich bis spät in den Herbst hinein und kommt in der richtigen Umgebung toll zur Geltung. Die üppig tragende, runde Zucchini-Sorte 'Sunburst' und die gelben, länglichen Zucchini auf einem rustikalen Teller sind ihre idealen Begleiter. Zierpaprika schmecken scharf wie Chili, sollten aber lieber nicht verzehrt werden.

Garten-Glück

Das grüne Kaffeegeschirr rahmt diese fröhliche August-Deko ein. Kleinblütige Tagetes, Ringelblumen und die Blüten des Sonnenauges füllen die Becher. Gräser (z. B. einjähriges Fontänengras) und die Blütenblätter einer Ringelblume auf dem Tisch bringen Leichtigkeit. Dazu gesellt sich eine runde Ufo-Zucchini.

August

Großer Auftritt

Bühnenreif: Eine alte Holzkiste an der Scheunenwand ist Schauplatz dieser Sommer-Inszenierung. Grün gestreifte Zucchini der Sorte 'Green Tiger' oder 'Striato d'Italia' haben hier ihren großen Auftritt gemeinsam mit einer gelben Zucchini der Sorte 'Soleil'. Weitere Hauptdarsteller sind die grazilen, gelben Dahlienblüten der Sorte 'Honka' und einige Ziergräser. In der Nebenrolle: Ein halbhohes schmales Glasgefäß.

August

Mais-Manschette

Die zart rosé-farbene Blüte des einjährigen Löwenmäulchens „badet" pur in etwas Wasser in der kräftig-pinken Schale. Für Ruhe sorgt in dieser Dekoration die Manschette aus Maisblättern, die rund zusammengenommen und mit einem Blattabschnitt sowie etwas Draht fixiert wird. Wer ein Maisfeld besitzt, hat es bei den nachfolgenden Dekorationen leicht. Alle anderen sollten vor dem Pflücken der langen, grünen Blätter beim Landwirt nachfragen.

Blatt-Bindung

In der grünen Müslischale schmiegen sich zwei Sonnenblumenköpfe aneinander. Als Begleitgrün verbergen Maisblätter ihre Stiele. Sie sind rund gebunden, beide Enden des länglichen Blatts stecken im Wasser. Die langen, entblätterten Stiele der Sonnenblume liegen daneben. Fencheldolden lockern die kompakte Dekoration auf.

August

„Das war der letzte leuchtende August:
 Der Sommer gipfelte in diesem Tage." Christian Morgenstern

August

Säulenartig

In einer 50 cm hohen, schlanken Glasvase bilden die aufrecht stehenden Maisblätter den ruhigen Hintergrund, vor dem die Hagebutten der wilden Heckenrose und zwei einzelne Rispen des Löwenmäulchens besondere Wirkung erzielen. Darüber schweben zarte Gräser. Wichtig: Beim Gestalten auf kurze und lange Stiele achten. Die unterschiedlichen Höhen geben dem Arrangement Struktur und Pfiff.

August

„Vergessen Sie nie:
Das Leben ist eine Herrlichkeit." Rainer Maria Rilke

Schön strukturiert

Die rund gebogenen Maisblätter bilden die Struktur dieser modernen Sträußchen und sind gleichzeitig das prägende Element darin. Sie sind hier das Gerüst für die Blüten des Löwenmäulchens, das violette Eisenkraut und die Samenstände der Clematis. Das Binden der Sträuße ist verblüffend einfach: Ein Maisblatt von der Spitze zur Basis biegen und beide Enden festhalten. Eine Blüte davorsetzen und ein weiteres gebogenes Blatt anlegen. So fortfahren, bis ein handlicher Strauß entstanden ist, und zusammenbinden.

August

Stufig

Zinnien, Eisenkraut, eine Fencheldolde und die grün-pinkfarbenen Blätter des Baumspinats finden sich in diesem Strauß. Die unterschiedlichen Wuchshöhen im Garten spiegeln sich auch in der Vase wider. Halt und Struktur geben diesem Strauß wiederum die rund gebogenen Maisblätter. Sie erden die luftige Konstruktion und strahlen gleichzeitig Ruhe aus. In der Vase halten sich die Maisblätter als „Begleitgrün" sehr lange.

Stimmig

Für laue Augustabende! Vier bis fünf Maisblätter um einen Strohkranz winden und mit Draht oder Nadeln feststecken. Den Kranz auf einen Teller legen, mit grünen Hagebutten, Oregano-Blüten, Mexikonessel und Dill- oder Fenchel-Dolden schmücken. Ein Einmachglas mit heller Kerze in der Kranzmitte platzieren.

August

Stilsicher

Das Zentrum dieses ausladenden Sommer-Straußes bilden dicke Stiele von Bambus oder Fenchelstaude. Platzieren Sie rund um die langen, markanten Stiele zahlreiche Gräser, Dahlien und Fruchtstände der Jahreszeit. Legen Sie die Blütenstiele und das Grün dabei immer leicht schräg an die Basis an (siehe S. 157). Umfassen Sie den Strauß zum Abschluss mit rund gebogenen Maisblättern und Grünkohl-Stielen der Sorte 'Redbor'.

September

September

Bunter September

Die Tage werden merklich kürzer, doch die Natur wirft in den letzten Spätsommer- und den ersten Herbsttagen noch einmal alles in die Waagschale, was sie an Schönheit, Farbe und Formenreichtum zu bieten hat. In den Dekorationen finden sich in diesem Monat die warmen Gelb- und Rottöne der Herbstfärbung, reifendes Obst und spektakuläre Staudenblüten.

September

Stolzes Duett

Lediglich die Blätter und Samenstände des rotlaubigen Wegerichs gesellen sich hier zu den Dahlien in Dunkelrot und Rot-Weiß. Interessant wirkt der Strauß durch die unterschiedlichen Höhen der Pflanzen darin. Der zweite rote Kaffeebecher und die Wegerich-Samenstände als Verbindung vervollständigen die farbenfrohe Dekoration.

Starkes Einzel

Blickfang dieses Straußes sind die roten Blütenbälle der ebenmäßigen Pompondahlien. Fassen Sie zunächst die Samenstände verschiedener Gräser in der Hand zusammen. Arrangieren Sie dann die Dahlien, die kleinen Hagebutten der Vielblütigen Wildrose und reichlich Blattwerk um die Gräser und binden Sie den Strauß zusammen. Tipp: Als Füllgrün eignen sich sehr gut die neuen Triebe der Dahlien, die noch nicht blühen.

September

„Blumen sind die Liebesgedanken der Natur." Bettina von Arnim

Schmuckes Trio

Eine flache, weiße Schale mit kleinen Kieselsteinen füllen. Drei Kaffeesahne-Fläschchen zur Hälfte mit Wasser auffüllen und je eine Dahlie und einige Blüten Eisenkraut hineinstellen. Die Mini-Flaschen etwas schief und „wie zufällig" in die Steine drücken. Mit Samenständen der Petersilie, die ohne Wasser hübsch eintrocknen, abschließen. Ein schöner Blickfang für Tisch oder Anrichte! Verwenden Sie anstelle von Dahlien auch andere, farbintensive Blüten.

September

Zarte Blüte

Die Äpfel der Sorte 'Dülmener Rosenapfel' liegen als „Lückenfüller" im Wasser. Sie vertragen das Bad im Blumenwasser gut. Für den Strauß eine Handvoll Samenstände von Gräsern mittig platzieren. Nach Höhe abgestuft die Blüten der Herbstanemone, der fast verblühten Rispenhortensie und der violetten Bauernhortensie drumherum arrangieren. Mit den Blättern der Herbstanemone abschließen.

September

Stille Harmonie

Die Krötenlilie als typische Herbstblume passt in Farbe und Form gut zur Hortensie, zudem hält sie als Schnittblume in der Vase sehr lange. Umrahmt werden die beiden besonderen Blüten von den Blättern der Elfenblume (Epimedium) und den bereits verfärbten Pfingstrosenblättern. Einige Äpfel liegen rund um die Vase auf dem Tisch. Beide Sträuße, abgebildet auf dieser Doppelseite, sind langlebig und robust.

September

*„Wo wir uns der Sonne freuen,
sind wir jede Sorge los."* Johann Wolfgang von Goethe

Leinen los!

Ganz einfach und doch wirkungsvoll wird dieses Tablett in herbstlichen Rot- und Orange-Tönen dekoriert. Den Mittelpunkt bildet die farbenfrohe Kerze in einem Kerzenglas. Ein rustikales Seil wird darum gewunden. Dazu gesellen sich größere Kieselsteine und kleine Gläschen mit einzelnen kraftvollen Blüten, z. B. von Zinnie und gefülltem Sonnenauge (Heliopsis helianthoides 'Goldgefieder'). Ein Hagebuttenzweig der Heckenrose komplettiert das Stillleben.

September

Schlank & schmal

Ein Strauß, zwei Vasen – zwei Wirkungen! Das Gebinde, das aus der Kombination der Sonnenblumen mit den Hagebuttenzweigen und entblätterten Hopfenranken lebt, wirkt in der hohen Vase erhaben und stolz. Als Füllgrün dienen die grünen Blätter der Scheinbeere 'Gaultheria shallon'. Farblich passende Tassen und Hopfenfrüchte bilden den Hintergrund.

Rund & bauchig

In der bauchigen Vase liegt das Augenmerk stärker auf den Sonnenblumen. Doch auch die Hagebutten sind einen Blick wert: Neben den Mini-Fruchtständen der Rosa multiflora finden sich auch größere Verwandte vom Wegesrand. Ein langer Hagebuttenzweig spannt sich sogar über den kompletten Strauß. Auch Hopfenranken kommen hier zum Einsatz, sie sind gelegentlich widerspenstig. Umwickeln Sie sie mit feinem Draht, um sie besser in Form zu bringen.

September

Kerzenschein

Jetzt haben viele Hortensien schon reife, ledrige Blüten, die man gut trocknen kann. Solche Blüten sammeln und sehr kompakt zu einem Kranz binden. Den Kranz auf einen Silberteller legen, ein Kerzenglas in die Mitte stellen und mit einer Manschette aus entblätterten Ranken der Zaunwinde abschließen. So kann der Kranz gemächlich eintrocknen.

Abendstimmung

Hortensie trifft Hopfen: Die noch frischen Hortensienblüten auf einen gewässerten Kranz aus Steckschaum stecken und auf einen tiefen Teller legen. So können die Blüten zunächst Wasser ziehen und dann eintrocknen. An einer Hopfenranke nur die Blätter, nicht aber die Früchte, abknipsen und die Ranke locker über die Blüten legen. Mittig ein Kerzenglas hineinstellen.

September

Traumfänger

Dicht an dicht: Binden Sie die pinken Blütendolden des Wasserdosts abwechselnd mit Hagebuttenzweigen der Rosa multiflora und Ginkgozweigen sehr eng auf einen Drahtring. Winden Sie zum Schluss eine Hopfenranke über den üppigen Kranz. Er schmückt die Gartenpforte oder Haustür über Wochen – auch noch lange Zeit nach dem Eintrocknen.

September

Leichtes Spiel

Einjährige Gräser einer Samenmischung und die Samenstände mehrjähriger Gräser sorgen in dem hohen Strauß, wie auch im Staudenbeet, für Leichtigkeit. Den herbstlichen Charakter bringen die noch nicht ganz verfärbten, grünen Lampionblumen und die Samenstände des Hopfens in das Arrangement. Der Strauß braucht kein Wasser, er darf dekorativ eintrocknen und kann lange Zeit auf Fensterbank oder Anrichte verweilen. Das zweite, kleinere Gefäß derselben Art vervollständigt die Dekoration und bringt durch die unterschiedliche Höhe Abwechslung ins Spiel.

September

*„Bunt sind schon die Wälder,
gelb die Stoppelfelder,
und der Herbst beginnt ..."*

Johann Gaudenz von Salis-Seewis

Satte Farben, reife Früchte

Für die Ernte danken: Auf diesem Kranzrohling aus Steckmasse findet alles Platz, was der Septembergarten an Früchten und Blüten hergibt. Stecken Sie zuerst Eichenlaub auf dem gewässerten Rohling fest. Das sattgrüne Blattwerk bringt die Herbstfarben zum Leuchten. Schmücken Sie den Kranz dann mit Hortensienblüten, Zieräpfeln, Lampionblumen, Sanddornbeeren, Mini-Hagebutten und verblühten Staudensonnenblumen aus. Platzieren Sie auch Teelichtgläser zwischen den Blüten und Fruchtständen.

Oktober

Oktober

Reifer Oktober

Lange wird es nicht mehr dauern, bis die Blätter von den Bäumen fallen und es richtig kalt wird. Doch an warmen Tagen können wir noch einmal Sonnenstrahlen für die dunkle Jahreszeit sammeln. Die Natur, die jetzt schon im Vergehen begriffen ist, steuert ein großes Farb-Feuerwerk in den Laubbäumen bei. Und wir wissen: Der Herbst ist da.

Oktober

Eine Form...

In der violetten Variante des Straußes dominieren farblich die Dahlien, Astern und Blütenstände der Katzenminze. Lange Gräser bilden den Mittelpunkt des rund gebundenen Straußes. Zuerst die Gräser zusammenfassen, die Blüten drumherum schräg anlegen. Mit Füllgrün von Melde, Minze und verfärbten Azaleenblättern auffüllen. Mit den großen Blättern der Herbstanemone abschließen.

Oktober

...zwei Farben

Das herbstliche Gelb-Orange dieses Straußes steuern die letzten Ringelblumen und die Blüten der Rudbeckia 'Henry Eilers' bei. Sie harmonieren gut mit den Hagebutten der vielblütigen Wildrose und den Samenständen des Johanniskrautes. Unterschiedlich lange Stiele geben dem ebenfalls rund gebundenen Strauß eine raffinierte Struktur.

Oktober

Verträumt

Die Stiele des oft ungeliebten Riesenknöterichs entblättern und verschieden lang in eine hohe Vase stellen. Den Knöterich mit Zaunwinde oder Dekodraht zusammenhalten. Mit Gräsern, einem entblätterten Zierapfelzweig und den letzten Blüten der Rispenhortensie schmücken. Mit Amberbaum-Blättern abschließen.

Verspielt

Einen Übertopf mit einem Maisblatt umwickeln und mit Wollfaden befestigen. Das Gefäß vollständig mit Knöterichstangen unterschiedlicher Länge füllen. Gräser und Lampionblumen locker dazu arrangieren. Dicht an dicht rote Zieräpfel auf einen Schaschlikstab spießen. Die Apfel-Reihe im Knöterich fixieren.

Oktober

„Ich sammle Farben,
 ... denn der Winter ist grau." Leo Lionni

Rustikal eingerahmt

Einen dicken Strohkranz komplett mit buntem Eichenlaub bedecken und mit Rosendraht festbinden. Darauf einige Eichenholzscheite festdrahten. Blüten und Früchte, die eintrocknen können, dazustecken – solche mit hartem Stiel direkt ins Stroh schieben, weichere Materialien mit Draht fixieren. Geeignet sind z. B. verblühte Sonnenblumen, Hortensien und Hagebutten. Den Kranz mit entblätterten Hopfenranken umwinden.

Oktober

„Der Herbst steht auf der Leiter und malt die Blätter an." Peter Hacks

Vogelzug

Die Natur selbst hat oft die besten Deko-Ideen. Die rot gefärbten Azaleen im Hintergrund, die gelben Ginkgoblätter und der verwitterte Baumstumpf sind die perfekte Kulisse für die zwei Vögelchen aus Metall. Jeder weitere Eingriff in das Naturschauspiel ist überflüssig! Zaubern Sie auch in Ihrem Garten solch schöne Szenen, indem Sie Bäume und Sträucher mit intensiver Herbstfärbung, z. B. Wildbirne, Felsenbirne oder Lebkuchenbaum, pflanzen.

Oktober

Schatzkiste

Die Mandarinen-Kiste aus dem letzten Winter hat schon etwas Patina angesetzt. Sie wird gefüllt mit zwei Sorten Sedum, einer pinkfarbenen und einer spitzblütigen Fetthenne. Dazwischen liegen eine Handvoll Gräser und einige Zweige mit verfärbtem Eichenlaub. Mit roten Zieräpfeln bestückte Schaschlikspieße in den Korb stellen und davor auf die Bank legen.

Korbmuster

Sammeln Sie bei einem Gang durch den Garten Herbstgaben wie verfärbte Blätter, z. B. vom Amber- und Ginkgobaum, und Gräser in einen schlichten grünen Drahtkorb. Platzieren Sie später einen Tontopf mit Fetthenne inmitten des Naturmaterials. Der Korb ist ein wunderschöner Hingucker vor der Haustür, in einem großen Fenster oder auf einem Podest.

Oktober

„Ich sammle Sonnenstrahlen für die kalten, dunklen Wintertage." Leo Lionni

Verblüht

Der kleine Strauß besteht aus den Blütenständen der Sonnenblume, einigen Winterastern der Sorte 'Rot einfach', einem Zierapfelzweig 'Evereste' und wenigen Gräsern. Die kunstvoll gefärbten Blätter des Persischen Eisenholzbaumes lassen an der Jahreszeit keinen Zweifel. Das Herbst-Arrangement zum Abschluss mit Bergenienblättern umfassen.

Aufgereiht

Gewässerte Steckmasse in eine längliche Schale, z. B. ein Olivenschiffchen, legen. Die Blätter des Amberbaumes und etwas Fontänengras darauf feststecken. Einen Zweig des Zierapfels 'Evereste' quer darüberlegen und Äpfel, Birnen oder Quitten mit Zahnstochern darauf fixieren. Anstelle der Früchte auch kleine Kürbisse verwenden.

Verschwenderisch

Blickfang des Straußes ist die weidenblättrige Sonnenblume. Lampionblumen, verblühte Sonnenblumen und Grün werden schräg angelegt und rund gebunden, den Abschluss bilden Bergenien. Die Enden der Hopfenranken zum Schluss mit in den Strauß nehmen. Einen Zierapfelzweig quer darüberlegen und festdrahten.

Lichtblick

Diese leichte Tischdeko lebt von dem Duett aus Glasvasen, die mit einigen Winterastern und Samenständen von Gräsern gefüllt werden. Die leuchtenden Blätter der Esskastanie, die aufgereiht auf dem Tisch liegen, geben den zarten Sträußen einen Rahmen. Goldener Herbst auf dem Wohnzimmertisch!

Oktober

Blattgold

Stellen Sie einen quadratischen Teller auf den Tisch und platzieren Sie eine kleine Vase mit einem Strauß Winterastern darauf. Verteilen Sie die goldgelben Blätter der Esskastanie großzügig auf dem Teller. Reihen Sie weitere Blätter in der Tischmitte auf. Das kleine Arrangement fängt die zarten Sonnenstrahlen des Oktobers in der Blattfarbe wunderbar ein und holt Herbstcharakter ins Haus.

Traumzeit

Die Kürbisse der Sorte 'Sweet Dumpling' sind wohlschmeckend und finden Platz in einer gusseisernen Bratpfanne. Ihre Begleiter sind Zieräpfel der Sorte 'Red Sentinel', ein kleiner Strauß Winterastern und – locker über den Tisch verteilt – die Blätter des Persischen Eisenholzbaumes. Kürbisse und Äpfelchen können später gekocht und gegessen werden.

November

November

Stiller November

November-Tage sind kurz und grau. Der Rhythmus der Natur wandelt sich, bald fällt sie in ihren jährlichen Winterschlaf. Die gedeckten, eher schweren Farbtöne herrschen vor. Aufgehellt werden sie vom Rot der letzten Zieräpfel und Hagebutten, vom grünen Moos und Efeu und dem leuchtenden Orange der Lampionblumen. Kerzenlicht strahlt in Fenstern und Hauseingängen. Der Advent klopft an.

November

"… da werden die Tage klein und die Nächte groß." — Elisabeth Borchers

… mit Dach

Ein Terracotta-Topf ohne Boden bietet dem Kerzenglas Regenschutz, ein zweites Kerzenglas wird dekorativ davor gestellt. Dazu gesellen sich brüchige Ziegelsteine, Kiefernzapfen und Lärchenzweige. Ein wunderschöner Blickfang vor der Haustür oder im Garten – vor allem, wenn man aus der Ferne blickt.

November

...mit Regenhut

Füllen Sie hohe, schlanke Einmachgläser mit jeweils etwas Sand und einer weißen Kerze. Kleiden Sie die Kerzengläser dann mit Kaninchendraht ein und lassen Sie die Glasdeckel – nur vom Drahtgeflecht gehalten – wie „Regenhüte" frei über den Kerzen schweben. So geht's: Für ein 1-Liter-Weckglas den Draht auf die Maße 35 x 20 cm zurechtschneiden. Das Glas mit dem Draht umwickeln, dabei eine nach oben überstehende Röhre formen. Diese nach oben verengen, damit der Deckel mit ca. 6 cm Abstand zum Glasrand aufliegen kann. So bietet der „Hut" einen gewissen Schutz vor Feuchtigkeit und Nässe. Für eine schöne Optik verschieden große Einmachgläser verwenden.

November

Zapfenstreich

Eine Deko für den Hauseingang: Kombinieren Sie „Überbleibsel" der Sommerbepflanzung, wie z. B. ein hohes Staudengras, mit einer Fülle verschieden geformter Zapfen von Tanne, Kiefer und Lärche. Setzen Sie mit Zweigen von roten Zieräpfeln Akzente. Stellen Sie auch große Gläser mit roten Kerzen dazu. Die Kerzen spiegeln sehr schön die Farbe der kirschroten Äpfelchen wider. Wichtig: Sammeln Sie die Zapfen bereits im Spätsommer und Herbst. Sie sollten – auf Papier oder Zeitung ausgelegt – trocknen.

Astwerk

Im tristen November verwandelt sich der Staketenzaun zum Hingucker. In die Spitzen des Zaunes werden Buchenzweige, Äste mit Lärchenzapfen, Efeuranken und Hagebutten eingeflochten. Henkeltöpfchen aus Zink mit weißen Kerzen hellen das Arrangement auf.

November

Trockenkranz

Trockene Schilfgräser am Teichrand schneiden und bündeln. Das Schilf miteinander verdrehen und um einen dünnen Drahtring winden. Mit mehreren Drahtschlaufen fixieren. Ein bis zwei Zweige des roten Zierapfels 'Red Sentinel' unter die obere Drahtschlaufe schieben. Die volle Wirkung entfaltet der Kranz auf einem ruhigen, grauen oder unifarbenen Untergrund.

November

Leuchtend

Die Farbe des Herbstes, das leuchtende Orange, darf in diesem Arrangement noch einmal dominieren. Reihen Sie dafür mehrere Kerzengläser nebeneinander auf. Befestigen Sie z. B. Fruchtstände des Efeus mit kupferfarbenem Dekodraht an einem der Gläser. Schmücken Sie ein anderes, höheres Glas mit einer Kette aus Lampionblumen. Dafür die Blumen hintereinander auf einem langen Stück Draht fixieren und locker um das Gefäß winden.

November

„Das ist der Herbst; die Blätter fliegen, durch nackte Zweige fährt der Wind." Theodor Storm

Umwickelt

Diese Variante des November-Gestecks ist mit einer weißen Kerze und Totholz gestaltet und mit grobem Faden umwickelt. Etwas einfacher wird es, wenn man das Holz vorab mit wenigen Tropfen Heißkleber auf dem Glas befestigt. Urig: Das Kerzenglas thront auf einer Unterlage aus Moos. Alternativ können Sie auch einen Ziegelstein als Untersetzer verwenden.

Geeicht

Von der Eiche oder anderen Laubbäumen einige dünne, knorrige Zweige „mit Charakter" abschneiden, am besten in verschiedenen Längen. Zunächst nur einige Zweige festbinden und im Anschluss die Lücken mit weiteren Zweigen füllen. Die herbstlichbraunen Eichenblätter sind der perfekte Untergrund für das rustikale Kerzenglas. Nach Belieben auch Eicheln, Kastanien oder Nüsse rund um das Glas verstreuen.

Bemoost

Das grüne November-Gesteck lebt von einer hellgrünen Kerze und den mit Flechten und Moosen überzogenen Zweigen, z.B. des Azaleenstrauches. Fündig werden Sie oft auch an alten Apfelbäumen oder auf dem Waldboden. Die blau-grünen Ästchen ebenfalls mit Heißkleber und einem langen Band fixieren. Grünes Moos im Untergrund und im Hintergrund nimmt die Farbe wieder auf.

Dezember

Dezember

Besinnlicher Dezember

Adventszeit – Zeit der Kerzen, Kugeln, Zapfen und Sterne. Im Haus liegt der Duft von Zimt und Orangen in der Luft. Die langen Abende bieten Raum für Gespräche, Gemütlichkeit und Träumereien. Doch in der Vorweihnachtszeit gibt es auch viel zu tun: Wir dekorieren jeden Winkel, backen, werkeln und „geheimniskrämern". Die Vorfreude auf die Festtage und den Jahreswechsel steigt.

Winterstrauß

Die knorrigen Apfelzweige – mit Kugeln und Früchten geschmückt – sind ein Blickfang vor der Haustür oder stehen in einem Kübel oder einem großen, alten Kochtopf weithin sichtbar auf dem Gartentisch. Die Äpfel werden an den Stielen mit einer Drahtschlaufe versehen und nachträglich an die Äste gehängt. Gut eignen sich dazu kleine, rote Äpfel (z. B. Sternrenette oder Roter Gravensteiner), die auch auf dem Wochenmarkt erhältlich sind. Die große, rote Kugel, die mittig im Strauß hängt, stimmt auf die Adventszeit ein.

Eiszeit

Der dicke Kranz wird aus blaugrüner Nobilis-Tanne gebunden. Darauf sind die kahlen Zweige von Eiche, Kletterhortensie und Geißblatt mit Draht befestigt. Zum Schluss kommen ein Wollschal und drei große Metallsterne obenauf. Durch die eisblaue Bank erscheint der Kranz extra frostig und winterlich.

Dezember

Halbe Sache

Alle Tannenzweige auf der „schlechten Seite" des Baums entfernen und den Baum auf eine alte Tür oder Holzplatte schrauben. Locker mit bunten Weihnachtskugeln behängen. Unten bedecken altes Holz und eine Wurzel den Fuß. Der „halbe Baum" wirkt vor der Haustür, im Flur oder in einer größeren Halle besonders gut.

Dezember

Kontrastreich

Sattes Grün auf kräftigem Rot: Binden Sie für diesen adventlichen Kranz viele Sträuße aus Ilex oder Kirschlorbeer dicht an dicht auf einen Drahtring. Bündeln Sie Zweige des roten Hartriegels und fixieren Sie sie waagerecht oben und unten auf dem Kranz. Befestigen Sie auch einzelne Kugeln, Sterne oder Figuren mit feinen Schleifenbändern oben am Hartriegel, sodass der Schmuck bis in die Kranzmitte reicht.

Dezember

Verspielt

Binden Sie zunächst großzügig Moos auf einen mittelgroßen Strohkranz. Befestigen Sie im nächsten Schritt einige Efeuranken, Tannen- und Ilexzweige auf dem Kranz. Fixieren Sie mit Klammern oder rotem Dekodraht einzelne Zweige des Zierapfels 'Red Sentinel' auf dem Werk. Schmücken Sie den Kranz zuletzt mit kleinen weißen Sternen, und verwenden Sie leuchtend rotes Schleifenband zum Aufhängen.

Verformt

Für diesen Kranz in Tannenbaum-Form aus dicken, geraden Zweigen ein Dreieck legen und die Spitzen mit Draht zusammenbinden. Auf kahle Stellen kleinere Tannenzweige aufbinden. Naturbelassene Zapfen und weiße Sterne mit Draht an den Zweigen befestigen. Am oberen Punkt einen weißen Holztannenbaum mit grobem Band oder Zwirn fixieren, sodass er in der Kranzmitte schwebt – fertig! Die besondere Kranzform wirkt vor allem auf Holz oder farbigem Hintergrund sehr schön.

Dezember

"Advent, Advent, ein Lichtlein brennt."

Mündlich überliefert

Auf Efeu

Etwa zehn bis zwölf lange Efeuranken grob entblättern, zusammenfassen und zu einem Kranz verwinden. Den Kranz auf einen großen Tonteller oder eine dicke Holzplatte legen, vier rote Kerzen mittig mit Knet-Klebemasse vom Floristen befestigen. Mit roten Filzbändern und Kugeln verzieren.

Auf Draht

Vier Kerzen, Draht und eine Handvoll Natur: Für diesen modern anmutenden Kranz Kaninchendraht zu einem dichten Ring formen. Diesen auf einen großen Silberteller legen. Vier Kerzen in ähnlichen Farbtönen auf das Drahtgeflecht schieben, gegebenenfalls mit Wachsplättchen oder Knetmasse fixieren. Den Kranz mit großen roten und violetten Kugeln, wenigen Tannenzweigen und Hagebutten schmücken.

Auf Glas

Hohe Saft- oder Weinflaschen mit etwas Kieferngrün, einer Efeuranke oder anderen Zweigen befüllen. Auf dem Flaschenhals je eine Stabkerze fixieren. Die Flaschen aufreihen, Zapfen und Kugeln drumherum arrangieren. Auf einer hohen Fensterbank oder einem Kaminsims kommt das Arrangement besonders gut zur Geltung.

Dezember

Unkonventionell

Der Adventskranz, modern interpretiert: Stellen Sie mehrere große Teller ineinander und platzieren Sie drei Kaffeebecher darauf. Positionieren Sie dann vier große Kerzen in unterschiedlichen Höhen: Mit kleinen Tellerchen oben auf den Bechern, in den Becher oder unten auf der Tellerfläche. Schließen Sie mit Ilexzweigen, Zapfen und Bändern ab.

Dezember

Geradlinig

Reihen Sie vier gleich große Trinkgläser auf einem länglichen Tablett oder Holzbrett auf. Setzen Sie jeweils ein Tellerchen auf die Gläser und stellen Sie eine Stumpenkerze darauf. Schmücken Sie das Tablett mit Ilexzweigen, Nüssen und farblich passenden Filzbändern. Originell: Ziehen Sie jeweils einen Knoten in die Bänder und legen Sie sie locker über das Naturmaterial.

Kugelrund

Einen großen Teller oder eine flache Schale mit Zapfen in verschiedenen Größen und Formen befüllen. Zwischen den Zapfen drei Kaffeetassen platzieren. Zwei dieser Tassen mit Pergamentpapier oder Alufolie auskleiden und Kerzen in Grün-, Grau- oder Brauntönen hineinstellen. Das Arrangement mit grünen Kugeln, Nüssen und Kiefern-Nadeln ausschmücken. Nach Belieben auch breite Bänder um den Teller winden.

„Liebeläutend zieht durch Kerzenhelle,
mild, wie Wälderduft, die Weihnachtszeit." Joachim Ringelnatz

Dezember

Festliche Tafel

Blüten-Puzzle für den Weihnachtstisch: Auf einem ovalen Silbertablett acht bis zehn Gläser zusammenstellen. Christbaumkugeln, Figuren und antike Serviettenringe dazulegen. Die Gläser zur Hälfte mit Wasser und einzelnen Zweigen füllen. Zwei bis drei leicht geöffnete Amaryllis-Stiele bereithalten. Mit einem scharfen Messer die Sammelblüten zerteilen. Die Einzelblüten in den Gläsern arrangieren.

Dezember

Große Blüte

Gestalten Sie mit wenigen Handgriffen diesen Blickfang für die Diele oder den Wintergarten: Füllen Sie ein sehr großes Glasgefäß üppig mit Moos, Zweigen, Christbaumkugeln und dicken Zapfen. Versenken Sie in diesem Dekomaterial ein hohes, schmales Glas oder eine schlanke Vase. Kürzen Sie den Stiel einer dunkelroten Amaryllis auf 12 bis 15 cm ein und stellen Sie die prächtige Blüte mit Wasser in das versteckte Gefäß.

Kleiner Zauber

Eine große Emailleschüssel mit reichlich frischem Moos befüllen. Zwei bis drei Longdrink-Gläser in dem Moosbett fixieren, Wasser hineingießen und je eine Amaryllis- oder Anemonen-Blüte hineinstellen. Kleine, rote Christbaumkugeln dazulegen. Die Schüssel an frostfreien Tagen vor der Haustür präsentieren.

Dezember

Silvester, Silvester!

Sektschalen wirken als Gefäße für Rosenblüten besonders edel und passend. Die Gläser mit wenig Wasser, einigen Stielen Glücksklee und den Blüten füllen. „Paarweise" auf dem Tisch oder der Fensterbank aufstellen. Einige Korken und Blütenblätter rundherum verstreuen.

Glücksbringer

Leuchtende Farben erhellen die Wintertage: Hier lässt das intensive Pink der Müslischale den getopften, sattgrünen Klee aus der Gärtnerei kraftvoll erstrahlen. Schmücken Sie die Schale auch mit farbig passendem Wollfaden und fixieren Sie eine einzelne Rose, die über ein Röhrchen mit Wasser versorgt wird, inmitten des Blattwerks. Tipp: Das Arrangement ist auch als Kombination aus weißer oder gelber Schale und Rose mit dem Klee sehr stimmungsvoll.

„Ein Jahr ist zu Ende.
Nun gebt euch die Hände.
Und sagt: Alles Gute!
Gesundheit und Glück!" James Krüss

Dezember

Prosit Neujahr

Lassen Sie die Korken knallen! Und – egal, in welchem Monat Sie den Sekt trinken – sammeln Sie die Verschlüsse aus Naturmaterial, anstatt sie wegzuwerfen. Jetzt zum Jahreswechsel kommen sie dekorativ zum Einsatz! Umwickeln Sie zuerst zwei Töpfe Glücksklee mit etwas Stoff. Platzieren Sie den Klee dann mit einer Sektflasche in einer großen Tonschale. Füllen Sie die Hohlräume mit zahlreichen Korken auf. Verteilen Sie einige Modelle auch locker auf der Tischplatte. Setzen Sie zum Abschluss mit einzelnen Rosen, die in Mini-Glasröhrchen stehen, Akzente.

Basis

Basis

Gewusst wie...

Gebunden, locker fallend oder in Steckmasse fixiert? In diesem Kapitel finden Sie eine kleine Sammlung erprobter Handgriffe und Tipps für das Gestalten. Die Tricks und Kniffe helfen, einen Tisch zu dekorieren, einen Strauß zu binden oder kleine Glasgefäße verspielt auf dem Tisch anzuordnen.
Nehmen Sie sich die Freiheit, mit dem, was in Ihrem Garten wächst, zu experimentieren. Kreativität kennt keine strengen Regeln oder Gesetze.

Basis

Einfach und echt!

Stimmungsvoll zu dekorieren, ist einfach. Doch nicht jedem geht das Gestalten leicht von der Hand. Schauen Sie sich gewisse Leitsätze von der Natur ab.

Wer dekoriert, folgt bestimmten Mustern und Grundsätzen. Doch kreatives Tun sollte nicht durch strenge Regeln begrenzt und eingeengt werden. Wer Blumen gerne locker in die Vase stellt, muss die Blütenstiele künftig nicht formal aufbinden. Ich plädiere für Gelassenheit. Hier die fünf Säulen, die meine Deko-Werke einfach und schön sein lassen:

1. Zeitgemäß: Die Jahreszeit bestimmt, mit welchem Naturmaterial wir arbeiten können. Klar, der Handel bietet bereits im Winter Tulpen an. Sonnenblumen sind monatelang erhältlich, Rosen von Januar bis Dezember. Natürlich und echt wirkt eine Dekoration allerdings vor allem dann, wenn sie dem Monat, der Klimazone und Witterung entspricht. Nehmen Sie sich Zeit. Gehen Sie durch Ihren Garten oder den Feldweg entlang. Was sehen Sie? Dünne Zweige an kahlen Sträuchern, die reifen Beeren des Efeus, schwere Hagebutten-Rispen oder feine Gräser? Priorität hat, was die Natur gegenwärtig anbietet.

2. Formgetreu: Eine Blume steht aufrecht in der Vase, eine Ranke fällt lässig auf den Tisch oder windet sich verspielt um einen Kranz. Grüne Blätter mit viel „Blattfläche" umgeben kleine oder große Sträuße. Warum ist das so – und nicht anders? Weil Blüten, Blätter oder Wildkräuter auch in der Dekoration am besten zur Geltung kommen, wenn Sie sie entsprechend ihrer Wuchsform einsetzen. Gräser wachsen aufrecht – sie sollten aufrecht in der Vase stehen. Blätter von Stauden wachsen oft „ausladend", mit einer leichten Krümmung nach außen. Daher sind sie ideal, um Sträußen eine grüne Manschette zu geben. Ranken sind Revolutionäre, sie wachsen, wie es ihnen gefällt. Sie fallen hinab oder räkeln sich empor. Sind sie nicht verholzt, sondern elastisch und weich, können Sie sie um Kränze schlingen, über Sträuße legen oder zu einer Girlande miteinander verdrehen.

3. Farbenfroh: Bringen Sie farbige Blüten nach ganz persönlichem Geschmack zusammen, z. B. Rot und Lila, Gelb und Orange, Pink und Rosé. Doch gehen Sie in diesem Punkt ausnahmsweise recht vorsichtig vor. Zu viele Farben verwirren das Auge und lassen eine Dekoration unruhig und wüst erscheinen. Viel Grün (durch Blätter, Fruchtstände, Rispen und Ranken), dazu zwei, maximal drei starke Farbtöne (in den Blüten) – das ist genug! Kreieren Sie aber auch einmal einen Strauß nur aus weißen Blumen oder ein Gesteck aus lediglich pinken und violetten Einzelblüten oder Blütenrispen.

Basis

„Einfachheit ist die höchste Form der Raffinesse."
Leonardo da Vinci

4. (Un)Ordentlich: Natürlichkeit und Symmetrie sind Freunde, aber nicht die besten. Eine gewisse Gradlinigkeit und Ordnung ist gut, doch wer sehr genau, sauber und akkurat arbeitet, z. B. einen Strauß exakt mittig auf ein Tablett setzt oder die Aufreihung von Vasen mit dem Lineal ausmisst, verliert die natur-typische Lockerheit und Beweglichkeit. Moos, ein paar Gräser oder Blütenblätter dürfen immer „wie zufällig" neben den Gefäßen liegen. Drei oder fünf Vasen sehen gruppiert spannender aus als eine einzelne.

5. Eigenwillig: Schönheit liegt im Auge des Betrachters! Wenn es in den Fingern kribbelt, legen Sie los. Wenn Ihnen ein Strauß im ersten Anlauf scheinbar nicht gelingt, lösen Sie das Band und legen Sie neu los. Stecken Sie einen Kranz. Wenn er „nicht schön genug" aussieht, greifen Sie zu anderem Blattwerk oder überziehen Sie ihn mit Ranken oder farbigem Bast. Bremsen Sie Ihre ureigensten Ideen nicht aus. Mit „Unkraut" oder Strauchschnitt dekoriert man nicht? Dann wären viele dieser Seiten leer! Gestalten Sie etwas, das vor allem für eine Person gut und richtig erscheint: Sie selbst!

FARBWIRKUNG
Grün verstärkt die Leuchtkraft anderer Farben, z. B. roter oder violetter Blüten. Rahmen Sie Sträuße und Gestecke daher großzügig mit grünen Blättern ein.

AUSRÜSTUNG
Zur Grundausstattung von Kreativen gehören eine Rosenschere, ein Messer, Draht und Bast. Zudem sind Steckmasse und Rohlinge für Kränze wichtig.

FORMENVIELFALT
Kugelrund, länglich oder sternförmig? Je exotischer die Form, desto interessanter für die Dekoration. Achten Sie auf formschöne Samenstände, Rispen und Kapseln.

Basis

GRÜNES GERÜST Ein kleines Einmachglas mit 6 bis 7 kurzen Knöterichstielen füllen. Einzelne Fruchtstände der Morgenstern-Segge, alternativ Gräser oder Getreidehalme, dazwischen schieben. Mit farbenfrohen Blüten abschließen.

Stabilisiert, strukturiert und schwungvoll

Wenige Blumen stehen einsam in der Vase, einem Gesteck oder Kranz fehlt der nötige Pfiff? Das lässt sich ändern! Oft sind es nur wenige Handgriffe, die ein Arrangement locker, schwungvoll und verspielt wirken lassen.

Die auffälligsten Effekte in einer Dekoration stammen meist von farbigen, markanten Blüten. Doch hätten diese kein Umfeld, keine Struktur oder Konstruktion, in der sie steckten, könnten sie nicht entsprechend wirken. Wenn auch das grüne Beiwerk und Füllmaterial in Arrangements oft unbeachtet bleibt: Es spielt eine wesentliche Rolle und bildet das Rückgrat einer jeden Kombination aus Zweigen und Blüten. Zudem prägt es das Erscheinungsbild eines Straußes oder Gestecks: Gräser lockern auf, lange Stiele oder Stängel bringen Höhe, biegsame Zweige formen ein Geflecht für Blütenstiele oder -rispen.

Gehen Sie aufmerksam durch den Garten und am Feldweg entlang: Hier wachsen – oft in der zweiten Reihe – Ranken und Äste, die Sie zu Halt- und Strukturgebern umfunktionieren können. Gräser wachsen häufig wild, zudem bieten Staudengärtner eine Vielzahl schöner Züchtungen an. Auch die Samenstände von Akelei, Mohn und Zierlauch oder die Dolden und das Grün des Fenchels wirken attraktiv. Alle Kräuter sind zudem ein ideales Füllgrün für Sträuße.

Basis

Knöterich: Der Haltgeber

Der Japanische Riesenknöterich ist vielen Gartenbesitzern ein Graus. In der Dekoration allerdings entpuppen sich die robusten, hohlen Stiele als dankbares Material für große und kleine Arrangements. Die Stängel zuerst entblättern, mit der Rosenschere auf die passende Länge zuschneiden und aufrecht in Vasen, Übertöpfe, oder Krüge einstellen. So bekommen Schnittblumen, Fruchtstände und Gräser Halt und auch Höhe. Kunstvoll wirken lange, entblätterte Knöterichstiele, wenn Sie sie mit großen, üppigen Blütenzweigen, z.B. Flieder, in die Vase stellen.

Hartriegel: Für Architekten

Hartriegel wächst üppig und bietet im Garten einen guten Sicht- und Windschutz. Zudem trägt der Strauch biegsame Zweige, die je nach Sorte gelbgrün oder tiefrot gefärbt sind. Entblättern Sie die Zweige und verwinden Sie sie zu einem rustikalen Tür- oder Tischkranz. Oder formen Sie sie zu hohen Rundbögen und gestalten Sie in der Vase ein Geflecht, das einzelne Blüten hält und stützt.

Gräser: Zur Auflockerung

Einmal mit, einmal ohne. Die gelb-weißen Margeriten-Sträuße sind nach demselben Prinzip gebunden, doch nur links bringt Fontänengras etwas Leichtigkeit und Schwung in das Gebinde. Der Effekt von Gräsern, z.B. Züchtungen wie Flatter- oder Zittergras bzw. Wildgräsern vom Wegesrand, ist stets garantiert. Sie lassen einen Strauß oder ein Gesteck lebendiger und „froher" erscheinen. Auch als Staude im Gartenbeet lockern sie ihr Umfeld wohltuend auf.

Basis

Schön eingebettet

Der Strauß ist gebunden, kleine Gefäße sind mit Blüten und Gräsern gefüllt. Und nun? Kaum ein Gebinde wirkt als Solitär oder in einer monotonen Aufreihung. Gestalten Sie ein stimmiges Umfeld, in dem die Dekoration voll und ganz wirken kann.

Ungerade und unordentlich

Ordnung ist das halbe Leben. Richtig! Beim Gestalten allerdings dürfen Sie diese Weisheit auch einmal vergessen. Fünf Gefäße schnurgerade aufzureihen – das ist zwar korrekt, aber wenig anmutig oder gar stimmungsvoll (1). Stellen Sie die mit Zierlauch, Akelei und Gräsern gefüllten Vasen lieber zu kleinen Teams zusammen. Drapieren Sie auch einige kurze Stiele des Zierlauchs daneben. Alternativ können Sie entblätterte Efeuranken, Hartriegel oder die Stiele von Bambus und Staudenfenchel verwenden (2). Legen Sie zuletzt einzelne Gräser und Zierlauchblüten neben die Vasen auf den Tisch (3).

Basis

Mit allem Drum und Dran

Diese Bilder-Geschichte zeigt es eindrucksvoll: Ein einzelner Strauß auf einem großen Tisch wirkt „ganz nett", doch in gewisser Weise auch traurig und verloren (1). Gestalten Sie ein Umfeld, das die Komponenten und Farben des Straußes aufgreift. Verwenden Sie z. B. für diesen Strauß aus Margeriten, Frauenmantel und Getreide ein weißes Holztablett oder eine Tortenplatte als Untergrund. Setzen Sie den Strauß seitlich, nicht mittig, darauf (2). Verteilen Sie rundherum einige kleine Steine, alternativ etwas Birkenrinde oder Muscheln (3). Schließen Sie mit einzelnen Getreideähren und Blüten des Frauenmantels ab. Lassen Sie die Ähren und Blüten dafür locker auf das Tablett fallen. Die scheinbar fehlende Ordnung ist wohltuend: Sie vermittelt Natürlichkeit.

Farbig untermalt

Die mit Maiglöckchen und Brennnesseln gefüllte Schale allein hat wenig Halt und Ausdruck. Platziert auf dem türkis-leuchtenden Teller gewinnt sie an Bodenhaftung und Harmonie. Die Umgebung stimmt!

In bester Gesellschaft

Gönnen Sie den kleinen Gebinden aus Maiglöckchenblüten und -blättern den Auftritt zu zweit. Denn vor allem im Duett (oder sogar Trio) bilden die meist kleinteiligen Frühlings-Sträuße eine harmonische Einheit. Stellen Sie nach Belieben auch eine pastellgrün glasierte Schale dazu und schaffen Sie mit locker verstreuten Gräsern weiche Übergänge.

Basis

Sattgrünes Blattwerk

Auf dem Acker fristen sie ihr Dasein, ohne eine besondere Beachtung zu finden. Wir haben sie entdeckt: Frische Maisblätter, die Verwandlungskünstler vom Feld!

Eingerahmt: Toll für große Blüten der Dahlie oder Sonnenblume! Legen Sie 2 bis 3 Maisblätter zu einem Ring und binden Sie sie zusammen. Setzen Sie den Ring in eine Schale mit Wasser und arrangieren Sie mehrere Blüten mit sehr kurzem Stiel in dem Gefäß.

Verbogen: Ein Blatt festhalten, die Spitze zur Basis zurückführen, dann ein weiteres Blatt anlegen und auch dieses zurückbiegen. So fortfahren und die grünen Bögen zu einem Strauß zusammenbinden. In eine Vase stellen. Das Grundgerüst mit Blüten schmücken.

Wickeloptik: Einen Strohrömer, d.h. einen Kranz-Rohling aus Stroh, nach und nach mit grünen Maisblättern umwickeln. Die Blätter dabei mit Drahtnadeln feststecken. Nach Belieben auch feinen Draht oder Bastbänder um den Kranz winden. Für eine hübsche Tischdekoration den Kranz mit einer Kerze, Dolden und Fruchtständen schmücken.

Lang und schlank: Maisblätter peppen Sträuße auf, lassen sich sehr raffiniert formen oder trocknen in Gestecken und Kränzen kunstvoll ein. Zudem gestalten sie in hohen Glasvasen einen ruhigen Hintergrund für Fruchtstände wie z. B. Hagebutten. In größeren Gebinden sorgen die zungenförmigen Blätter für Schwung und weiche, fließende Formen. Binden Sie sie am besten „in Grüppchen" von jeweils 2 bis 3 Blättern in einen Strauß ein. Maisblätter eignen sich aber auch als Füllstoff und Haltgeber, wenn Sie nur wenige, einzelne Blumen zur Hand haben. Wichtig: Pflücken bzw. schneiden Sie die Blätter morgens taufrisch vom Feld. Ernten Sie sie alternativ abends. Verwenden Sie nur solche Blätter, die weich und biegsam sind. Ist ein Blatt bereits „zu reif", bricht die Mittelrippe beim Dekorieren. Ehrensache: Bedienen Sie sich nur auf eigenen Feldern oder nach vorheriger Absprache mit dem Landwirt bzw. Eigentümer des Mais-Ackers.

Rankendes Wunderkraut

Sie kämpft sich durch, wächst unermüdlich und strapaziert die Nerven vieler Gärtner: Die Zaunwinde. In der Dekoration jedoch zeigt das Unkraut seine Sonnenseite.

Entblättert:
Ohne Blätter sind die Ranken der Zaunwinde sehr dekorativ. Halten Sie mehrere Ranken fest in einer Hand. Fahren sie mit der anderen Hand schnell und entgegen der Wuchsrichtung über die Stiele, um das Grün mit einem Schwung zu entfernen.

Verschenkt:
Die Ranken verschönern große und kleine Kränze und Gestecke. Legen Sie sie aber auch einmal um ein hübsch eingepacktes Buch oder ein Marmeladenglas. Oder gestalten Sie einen locker geschwungenen Haarkranz mit einzelnen Blüten.

Grünes Band:
Die Zaunwinde ist elastisch und biegsam wie eine Kordel. Fassen Sie mehrere Ranken in der Hand zusammen. Formen Sie einen Ring beliebiger Größe und winden Sie die überstehenden Ranken von innen nach außen um den Ring. Nutzen Sie diesen als Fenster- oder Türschmuck oder liegenden Kranz für eine Vase (re. oben).

Herzförmige Blätter, weiße Blüten: Die Zaunwinde erobert Pfähle und Rankgerüste. Sie schlingt sich sogar an pflanzlichen Artgenossen in die Höhe. Stets dreht sie sich dabei in Linksbewegungen nach oben – unermüdlich, schnell und ungebremst. Unbestritten gehört sie für die Mehrzahl der Gärtner in die Gruppe „gefürchtetes Unkraut". Die Fraktion der Kreativen hat einen anderen Blick: Als Ranke ist die Zaunwinde in der Dekoration ein Multitalent. Niemand wird sie bewusst anpflanzen. Doch sitzt sie einmal im Wegessaum oder erblickt man sie am Feldrand, dann kann man reichlich pflücken, entblättern und formen. Die Ranken können z. B. große Sträuße überspannen oder sich schwungvoll um üppig geschmückte Kränze winden. Zudem können Sie die Ranken, ohne sie zu entblättern, mit vielen Blüten und Schwimmkerzen in eine große Schale legen.

Basis

Clever festgesetzt

Gut platziert, mit Wasser versorgt: So müsste sich eine Blume in diesem bunten Blütenkranz fühlen. Sicher, beschützt und in bester Gesellschaft mit Kollegen steckt sie fest – und zwar in der dunkelgrünen, klassischen Steckmasse vom Floristen.

1 Einen Kranz-Rohling zum Vollsaugen mindestens 30 Minuten frei in kaltem Wasser schwimmen lassen. Diese Regel auch bei anderen Arrangements beachten. Denn Steckschaum, der sich nicht ausreichend mit Wasser vollsaugen konnte, leistet keine guten Dienste! Den Ring herausnehmen und triefend nass auf eine große Platte oder einen tiefen Teller legen. Daneben Ranken, Blattwerk und einzelne Blüten bereitlegen.

2 Zuerst einen grünen Unterbau schaffen. Dafür lange Ranken, z. B. vom Immergrün (Vinca) oder anderes, biegsames Material, tief in die Steckmasse schieben und mit Drahtnadeln feststecken. Den Kranz dann mit kurzstieligem Grün, z. B. Minze und Oregano, oder Blättern von Stauden ausschmücken.

3 Zur Auflockerung einzelne Dill- oder Fenchel-Dolden mit sehr kurz geschnittenem Stiel in der Steckmasse platzieren. Sehr gut eignen sich auch die großen Blütendolden von Giersch und Pastinake, außerdem die kleinteiligeren Blüten von Katzenminze, Ziest und Frauenmantel.

4 Den Kranz erst zum Abschluss mit einzelnen, großen Blüten verzieren. Empfehlenswert sind z. B. Astern, Dahlien, Zinnien und Rosen mit robustem Stiel. Die Blütenstiele stark einkürzen, die Blätter entfernen. Die Blüten dann unregelmäßig, aber paarweise, auf der grünen Basis anordnen. Den Kranz drehen, dabei von allen Seiten prüfen. Mögliche Lücken mit Blättern oder Dolden auffüllen. Reichlich Wasser angießen und den Kranz auf einem großen Tisch präsentieren.

Basis

Raffiniert gebunden

Locker rumbaumeln, frei fallen? Oh nein! Hier weiß jeder, wo er hingehört. Im rund und spiralig gebundenen Strauß sind die Rollen klar verteilt. Das Ergebnis: Guter Halt, fester Sitz, kompakte Erscheinung.

1 Alle Blätter, Gräser und Zweige, die Sie verwenden möchten, im unteren Bereich entblättern. Auch an „Füllmaterial" wie Frauenmantel, Kräuterzweige oder Wildgräser denken. Alle verschiedenen Sorten für einen guten Überblick auf einem großen Tisch bereitlegen. Zum Start wenige Stiele, am besten einige Blütenstiele und Gräser, aufrecht in der Hand halten.

2 Nach und nach, stets leicht angewinkelt, zahlreiche Blüten und Zweige anlegen. Den Strauß dabei leicht in der Hand drehen und fortfahren. Für Rechtshänder bedeutet dies konkret: Links oben steht die Blüte, diagonal rechts unten endet der Stiel. Halten Sie diese Regel konsequent ein. Nur wenn Sie das Material schräg anlegen, entsteht eine halbrunde Form, ohne dass Stiele verbiegen oder abknicken.

3 Den Strauß, der schlussendlich einer Blüten-Spirale gleicht, auf den Kopf drehen, mit einem langen Bastband mehrfach umwickeln und zusammenbinden. Wieder aufrichten und die Stiele mit einem sehr scharfen Messer schräg anschneiden. In eine Vase mit handwarmem Wasser stellen.
Wichtig: Das Gefäß sollte dabei stets sauber, das Wasser klar sein. Wegen Fäulnis ist die Schönheit ansonsten von nur kurzer Dauer. Als Vase eignen sich alle Formen von Gefäßen: Dosen, Marmeladen- oder Gurkengläser, hohe Saucieren und Müslischalen. Verwenden Sie auch einmal alte, ausgediente Teekannen oder Milchkrüge.

»... denn mein Garten ist mein Herz.«

Basis

Menschen haben verschiedene Hobbys: Die einen malen, andere joggen, einige spielen Tennis oder Golf. „Ich gehe gärtnern", sagt Gerda von Lienen. In ihrem Gartenparadies in Heubült nahe Oldenburg ist das offenkundig.

„Pflanz Bäume, Gerda, pflanz Bäume! Die machen sich gut, wenn Du später den Garten vergrößerst!" So lautete vor knapp 20 Jahren der Rat ihrer Schwester. Gerda von Lienen befolgte ihn in den 1990er-Jahren erst einmal nicht. Denn beim Einzug in das historische Ammerländer Bauernhaus konnte sie sich kaum vorstellen, jemals besonders viel Energie und Lebenszeit auf den Garten „verschwenden" zu wollen. Die Hälfte des Grundstücks war für Pferde und Kälber eingezäunt und so sollte es bleiben.

Doch das Anwesen zog die neuen Besitzer schnell in seinen Bann. Immer wieder setzten Gerda von Lienen und ihr Ehemann Dieter den Weidezaun zurück, um mehr Platz für neue Beete oder Rasenfläche zu gewinnen.

Von der Viehweide fehlt heute jede Spur. Der weitläufige Garten gleicht einem Kleinod. Singvögel haben in hohen Eichen oder den Rhododendren ihr Zuhause. Die Beete strotzen vor üppigem Grün. Überall recken sich Blüten, Gräser und vertraut bis exotisch geformte Fruchtstände empor. In Richtung Osten öffnet sich der Blick auf Felder, Kuhwiesen und den weiten Himmel. Der Ort strahlt Harmonie und Ruhe aus.

„Ein strenges Gartenkonzept verfolge ich nicht", sagt die Bauerntochter. „Einmal habe ich versucht, meine Stauden nach ihrer Blütenfarbe zu gruppieren. Aber dafür war ich nicht konsequent genug." Natürlichkeit ist seitdem das erklärte Motto der Ammerländerin.

So wuchern Frauenmantel und Akelei ungebändigt aus den Beeten und wurzeln zwischen den Steinplatten der Wege. Kartoffeln wachsen neben Margeriten und Mohn; Bronzefenchel und Salbei gedeihen im Staudenbeet.

„Ich war noch nie die Ordentlichste", sagt die Gartenbesitzerin über sich selbst. „In der Natur herrscht auch nicht immer Ordnung. Die Jahreszeiten gehen ineinander über, die Herbstblätter fliegen noch zu Weihnachten ums Haus. Dieser Garten ist mein Hobby, keine Pflicht. Also darf er alles haben, was mir gefällt."

Denn für fast alles, was grünt, blüht und wuchert, findet Gerda von Lienen auch eine dekorative Verwendung. Sogar vermeintliche Unkräuter wie Giersch, Brennnesseln und Zaunwinde verwandelt sie zu kleinen Kunstwerken. Einen Amberbaum – zudem viele Sträucher und Stauden – hat die Gärtnerin inzwischen gepflanzt. Selbstverständlich arbeitet sie seine Zweige in herbstliche Dekorationen mit ein. „Oft sitze ich aber einfach nur draußen, trinke einen Cappuccino und genieße. Ganz klar, heute ist dies ‚mein' Garten. So passt er zu mir."

Akzente in Gerdas Garten

Ginkgo, Amberbaum oder Fruchtschmuckgehölze bringen im Herbst intensive Farben in den Garten. Blätter und Beeren eignen sich dann ideal für Kränze, Gestecke und Stillleben.

Zierlauch, Seggen, Wildgras-Mischungen, Mohn oder Akelei: Sie liefern eine spannende Vielfalt an Blüten, Fruchtständen und Kapseln. Toll für Abwechslung im Beet und zum Dekorieren.

Hier eine Gießkanne, dort zwei Figuren oder die Sitzbank in frischem Eisblau: In fast jedem Winkel steckt ein „Hingucker". Vor allem im Winter kommen die Objekte sehr gut zur Geltung.

Impressum

Landwirtschaftsverlag GmbH, 48084 Münster

2. Auflage 2016

© Landwirtschaftsverlag GmbH, Münster-Hiltrup, 2015

Das Werk einschließlich aller seiner Teile ist urheberrechtlich geschützt. Jede Verwertung außerhalb der engen Grenzen des Urheberrechtsgesetzes ist ohne Zustimmung des Verlages unzulässig und strafbar. Das gilt insbesondere für Vervielfältigungen, Übersetzungen, Mikroverfilmungen und die Einspeicherung und Verarbeitung in elektronischen Systemen.

Textrechte

Astrid Lindgren © Oetinger Verlag, Hamburg; Leo Lionni © Verlagsgruppe Beltz, Weinheim; Peter Hacks © Eulenspiegel Verlag, Berlin; Elisabeth Borchers © Suhrkamp Verlag, Berlin; James Krüss © Verlagsgruppe Random House, München

Herausgeber

top agrar
Postfach 7847, 48042 Münster
Tel.: 02501 801-6400
Fax: 02501 801-6540
E-Mail: redaktion@topagrar.com
Internet: www.topagrar.com
Chefredakteur: Dr. Ludger Schulze Pals

Redaktion

Gerda von Lienen, Reingard Bröcker (verantw.), Kathrin Hingst

Gestaltung

Carola Woite (verantw.), Frank Hegemann, Lena Jörgens

Verlag

Landwirtschaftsverlag GmbH
48084 Münster
Tel.: 02501 801-0
Fax: 02501 801-2040
Internet: www.lv.de
Geschäftsführer: Hermann Bimberg (Sprecher), Werner Gehring
Objektleiter: Friedrich Deckert

Gesamtherstellung

Griebsch & Rochol Druck GmbH
59069 Hamm
ISBN 978-3-7843-5389-0

Bildnachweis

Gerda von Lienen (213), Ralf Heil (47), Ludger Einhoff (5)
Titelbild: Gerda von Lienen